하나님의 눈으로 나를 찾다

데이비드 스완슨 지음
유정희 옮김

LEARNING TO BE YOU
by David D. Swanson

Copyright ⓒ 2012 by David D. Swanson
Originally published in English under the title
Learning to Be You
by Baker Books,
a division of Baker Book Publishing Group
Grand Rapids, Michigan 49516 U.S.A.
All rights reserved.

Korean Edition published by Word of Life Press, Seoul 2014
Translated and published by permission.
Printed in Korea.

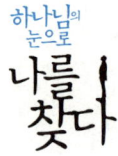

ⓒ 생명의말씀사 2014

2014년 3월 10일 1판 1쇄 발행

펴낸이 | 김창영
펴낸곳 | 생명의말씀사

등록 | 1962. 1. 10. No.300-1962-1
주소 | 서울시 종로구 경희궁1길 5-9(110-062)
전화 | 02)738-6555(본사) · 02)3159-7979(영업)
팩스 | 02)739-3824(본사) · 080-022-8585(영업)

기획편집 | 박영경
디자인 | 최윤창
인쇄 | 영진문원
제본 | 정문바인텍

ISBN 978-89-04-16449-3 (03230)

저작권자의 허락없이 이 책의 일부 또는 전체를
무단 복제, 전재, 발췌하면 저작권법에 의해 처벌을 받습니다.

하나님의 눈으로 나를 찾다

데이비드 스완슨 지음
유정희 옮김

생명의말씀사

감사의 글

지금까지 내 인생과 사역을 돌아보면, 여기까지 온 것은 순전히 하나님의 은혜다. 내가 매일 숨을 쉬며 교회를 섬길 수 있는 특권을 누리는 것은 오로지 주님의 신실하심과 끊임없는 공급, 지혜롭고 온유하신 조언과 변치 않는 사랑 덕분인 것을 고백한다. 이 책을 쓰는 것도 내가 꿈조차 꿀 수 없는 일이었지만, 역시 하나님께서 그분만이 하실 수 있는 방법으로 사람들과 경험들을 모아 주셨다. 이것을 비롯한, 또 하나님이 주신 모든 축복에 대해 그분께 깊고 겸허한 감사를 드린다.

목차

서문　9

1부 _ 잃어버린 우리의 진짜 모습　15
1장 | 정직한 싸움을 하다　17
2장 | 생각보다 더 가까이 계시는 하나님　33
3장 | 아직도 계속되는 숨바꼭질　51

2부 _ 하나님, 나는 누구입니까?　67
4장 | 내 삶이 공허한 이유는 무엇일까?　71
5장 | 내 삶은 의미 있는 삶일까?　91
6장 | 외로움은 왜 찾아오는가?　107
7장 | 나의 삶이 이해되지 않는다면?　125
8장 | 어떻게 하면 내 짐을 벗을 수 있는가?　143
9장 | 사람들은 왜 나를 실망시킬까?　161
10장 | 왜 자신이 형편없게 느껴질까?　177

3부 _ 지으신 그대로, 그리스도와 함께　195
11장 | 시간이 필요하다　197
12장 | 세상이 알지 못하는 길　213
13장 | 진정으로 원하는 삶　231

주　250

서문

여느 때처럼 소파에 앉아 채널을 돌리며 유익한 프로가 없나 찾고 있던 중이었다. 유명한 배우가 인기 있는 토크쇼에 출연해, 자아를 발견하기 위한 그의 길고 힘겨운 여정을 이야기하고 있었다. 볼륨을 좀 더 높였다. "자아의 발견", 그것은 교회 안과 밖에서 모두 익숙한 용어다. 사람들은 모두 자아를 발견하고, 확고한 정체성을 갖기 원한다.

내 동기들 중에도 신학교에서는 자아를 발견할 수 있으리라는 희망을 안고 입학한 이가 많았다. 마치 신학을 공부하면 자신의 정체성에 대한 수수께끼를 풀 수 있을 것 같다는 생각으로 말이다. 신학에 열의를 갖는 것은 좋지만, 그런 이유만으로는 신학교에 가는 목적이 될 수 없는데 말이다. 그리고 또 어떤 이들은 뉴에이지에 빠지고, 혹은 먼 나라로 순례 여행을 가거나, 요가와 같은 새로운 취미나 의식들을 시작하곤 한다. 어쨌든 그들의 목적은 같다. 자신이 진정 누구인지 확실히 알고 싶고, 그것을 찾으려 하는 것이다.

"훌륭한 설교자가 되려면 삶을 예리하게 관찰하는 사람이 되어야 한다. 항상 한 손엔 성경을, 다른 한 손엔 신문을 들라."

나는 이를 실천하기 위해 열심히 노력해왔다. 그렇게 삶을 관찰하다 보니, 자신을 발견하겠다는 막연한 사명을 띤 사람이 점점 더 많아지고 있는 것을 볼 수 있었다. 만일 당신도 스스로 자기 자신을 발견하려 한다면 틀림없이 길을 잃고 말 것이다. 이것은 여행을 위해 기차를 탔던 마크 트웨인의 상황과 조금 비슷하다. 개찰구에서 트웨인은 티켓을 찾지 못했다. 그가 미친 듯이 티켓을 찾았지만 소용없었다. 그러자 직원이 말했다.

"트웨인 선생님, 괜찮습니다. 저는 선생님이 누구신지 압니다. 굳이 티켓을 찾지 않으셔도 돼요. 편안하게 여행을 즐기십시오."

몇 시간 후, 그 직원이 다시 차로 돌아와 보니 트웨인은 그때까지도 티켓을 찾고 있었다. 그는 다시 한 번 트웨인에게 말했다.

"선생님, 정말로 그러지 않으셔도 됩니다. 저는 선생님이 누구신지 알아요. 티켓을 찾으실 필요 없습니다."

그러자 트웨인이 벌떡 일어서서 단호하게 말했다.

"이봐요, 젊은이, 저도 제가 누군지 알아요. 중요한 건 제가 어디로 가는지 모른다는 겁니다!"

우리 역시 그렇다. 우리는 자신의 이름을 안다. 자신의 역사에 대해 아는 것이 있을 수도 있다. 그러나 우리가 어디에 있는지, 혹은 어디로 가고 있는지에는 확신이 없다. 우리는 스스로에게 벗어나 있다. 여전히 자신을 찾아가는 여정에 있다. 그것은 여러 번의 실수와 잘못된 선택이 가득한 여정이다.

나는 사람들이 이 사명을 완수하기 위해 노력하는 모습에 놀라곤 한다. 자신을 발견하기 위해 사람들은 온갖 종류의 관습, 이데올로기, 철학을 시험해보려 한다. 마치 뷔페에서 저녁을 먹는 것과 같다. 한 요리를 먹어 본 다음, 또 다른 요리의 맛을 본다. 그 중의 하나라도 내면의 공복을 채워 줄 수 있길 바라면서. 그러나 알다시피 결코 그런 요리는 찾을 수 없기에, 계속해서 우리 시대의 거짓 약속들을 마구 먹어댄다. 명상, 동양의 신비주의, 쾌락주의, 객관주의, 불교, 물질주의 등 열거하자면 끝이 없다. 그것들은 모두 자기 자신을 추구하는 사람들에게 종교가 된다.

'자신을 발견하는 것'은 점점 더 커지는 영적 갈망을 표현하는 방법이다. 불안한 경제 문제에서부터 국제적 테러 행위, 자연 재해들까지, 혼란스러운 외적 체제들을 마주칠수록 우리는 이 궁극적인 질문의 답을 찾아야만 할 것 같다. 우리는 모든 고통과 고난, 괴로움, 불의가 우리의 삶의 끝이 될 수 없다는 건 안다. 분명 우리 앞에 있는 공허보다 더 중요한 우리의 존재 목적이 있다. 뿐만 아니라 당신을 만드신 하나님을 알게 될 때까지는 결코 당신 자신을 발견하지 못할 것이며, 당신의 진정한 정체성을 가지고 살지 못할 것이다. 하나님을 알면 당신을 알게 된다. 하나님을 모르면 당신도 모른다.

많은 사람이 자신의 정체성을 찾으려 노력하지만, 그 노력 가운데에는 하나님이 없다. 이는 마치 새 차를 구입하면서 사용 설명서를 받지 않는 것과 마찬가지다. 자동차 제조사는 그 차량의 모든 것을 알고 있지만 우리에게는 제조사만큼의 정보가 없다. 대신 무턱대고 우리 스스로 알아내려고 애쓴다. 사용 방법을 모른다면, 주유구에 오렌지 주스를 넣는 실수를 하게 될 수도 있다. 그러다 자동차가 멈추어도 우리는 그 이유를 전혀 이해하지 못하는 채 말이다.

우리는 창조주를 알아야 한다. 우리를 만드신 하나님을 깊이 알아야 한다. 그럴 때 궁극적인 질문의 답이 뚜렷해진다. 당신은 자기 자신을 알 수 있다. 우리가 하나님을 알 때 그렇게 된다. 우리는 하나님의 아들, 예수님을 통해 하나님을 안다. 예수님은 "진리를 알지니 진리가 너희를 자유롭게 하리라"(요 8:32)고 말씀하셨다. 우리는 삶의 자유를 얻었지만 우리 자신을 알아야만 진정한 자유를 알게 된다. 진정한 우리 자신은 세상을 조종하려 부정하게 만들어진 것이 아닌, 그리스도를 통해 우리 안에 오신 하나님의 본성과 인격을 나타내기 위한 진정한 모습이다.

당신 역시 자아를 찾고 있는가? 당신 자신을 발견하려고 애쓰는가? 하나님을 떠나 해답을 찾으려 하지 마라. 그것이 바로 내가 이 책을 쓴 이유다. 1부에서는 그 답을 찾기 위해 정체성 문제로 인한 싸움과 하나님을 알아야 할 필요성을 다룰 것이다. 2부에서는 하나님의 속성을 살펴보고 우리가 그 속성을 이해하는 것이 우리의 개인적 정체성에 어떤 영향을 미치는지를 알아볼 것이다. 하나님은 멀리, 다른 세상에 계시는 분이 아니다. 하나님은 믿음으로 우리 안에 거하러 오신 분이다. 하나님은 우리를 그의 형상으로 창조하신 분이다. 그러므로 하나님이 누구신지를 알면 그가 나를 어떻게, 무슨 목적으로 만드셨는지를 알게 된다. 하나님의 속성들을 알면 나 자신의 진정한 속성을 알게 된다. 그것을 앎으로 세상이 나에게 입힌 가짜 정체성 대신 영원히 진정한 정체성을 만날 수 있다. 하나님의 본성은 우리의 진정한 정체성을 드러낸다. 그러므로 그의 본성이 나타내는 것을 잘 살펴보자. 그의 본성을 따라 우리가 진정 누구인지를 발견하는 것은 더 어렵고 힘든 일이다. 이는 3부에서 좀 더 살펴볼 것이다. 당신이 그 여정을 나와 함께 하기를 기도한다.

당신 자신을 알아가는 것은 지도와 같다. 지도를 살피며 길을 찾아갈 때 당신의 진정한 모습을 새롭게 알게 될 것이며, 그 안에서 하나님이 당신이 누리기 바라시는 삶의 기쁨과 자유를 발견할 것이다.

1부

잃어버린 우리의 진짜 모습

우리는 그가 만드신 바라
그리스도 예수 안에서 선한 일을 위하여 지으심을 받은 자니
이 일은 하나님이 전에 예비하사 우리로 그 가운데서 행하게 하려 하심이니라 (엡 2:10)

우리는 아는 것이 많지만 정작 자기 자신은 모른다.
자신에 대해 무지하다는 말이다. 그것은 당연하다. 자신이 누구인지 알려고 노력해본 적이
없는데, 어떻게 어느 날 갑자기 그것을 발견할 수 있겠는가? - 프리드리히 니체

1장

정직한 싸움을 하다
우리는 자신이 정말 누구인지 아는가?

　최근 어느 스포츠지에서 테니스 천재, 제니퍼 카프리아티의 이야기를 보았다. 그녀는 정상까지 올라갔지만, 반복되는 부상으로 결국 선수의 자리를 떠나게 되었다. 그녀는 은퇴 후 자신의 실패를 극복해내지 못했고, 마약과 술에 빠져들게 되었다. 결국 그녀는 자살을 시도해, 병원에 입원하기에 이르렀다. 퇴원 후 기자들의 질문에 그녀는 이렇게 말했다.

　"테니스를 그만두자 내 모든 것이 무너져 내리기 시작했어요. 그 후 저는 이 문제를 해결할 수 없었어요. 내가 누구인지, 난 도대체 무엇인지."[1]

　제니퍼의 가슴 아픈 사연보다도, 그녀가 마침내 용기를 내어 그 어려운 질문을 했다는 것이 무척 놀랍다. 그녀는 삶 속에서 자신의 문제를 명확하게 표현할 수 있는 경지에 이르렀다. 즉, 그녀 자신이 누구인지 모른다는 것이다. 테니스는 더 이상 그녀가 누구인지 규정해주지 못했다. 상투적일지 모르지만, 그것은 모든 사람의 심장을 뛰게 하는 질문이다.

"나는 누구인가?" 제니퍼에게 그 질문은 생사가 걸린 문제였다. 나는 우리 각 사람에게도 그것이 그 정도로 중대한 일이라고 생각한다. 그렇지 않은가? 우리가 자신의 정체성을 모르고 살아간다면 삶의 모든 것이 거짓이고, 가짜가 된다. 우리는 자신이 진정 누구인지 발견하려고 노력하고 있거나, 아니면 우리가 아닌 다른 사람으로 살아가고 있는 것이다. 두 시나리오 모두 엄청난 내적 갈등과 혼란을 일으킨다. 또 우리가 이 혼란에 빠졌을 때 행동은 고통스러운 결과를 낳는다.

1985년 5월, 나는 대학을 졸업하고 텍사스에 있는 한 컴퓨터 회사의 인사, 마케팅 부서에 취직했다. 나는 무역과 첨단기술 전시회에 참석하여 상품을 팔고, 또 관리자들이 소프트웨어 기술자와 컴퓨터 프로그래머를 충원하는 일을 도왔다. 그 당시 그 일은 내게 무척 대단해보였다. 그러나 내가 미처 예상치 못했던 것이 있었다. 바로 회사의 안 좋은 관행까지도 모두 따르길 바라는 분위기였다. 그 중 최악은 한 달에 한 번 있는 마케팅 협회 오찬 모임이었다. 그 모임은 일명 "고급 신사 클럽"이라는 곳에서 열렸다. 그곳은 회사 접대비를 펑펑 쓰는 비즈니스맨들의 취향에 안성맞춤이었다. 그리고 사람들은 나 역시 이 모임에 함께 참석하기를 바랐다.

그래선 안 된다는 걸 알았지만, 성공에 대한 열망은 내 기준과 신념들을 타협시키고 싶게 만들었다. 대부분의 정보들이 주로 이 모임에서 오고갔기에, 나는 늘 남들보다 뒤처지는 느낌이 들 수밖에 없었다. 그리고 마침내 예고도 없이 이 문제가 불거졌다. 상사가 나를 찾아왔다.

"데이비드, 입사한지 거의 1년이 됐는데 협회 모임에는 한 번도 참석한 적이 없다지? 어떻게 된 건가?"

그 순간에 머릿속에 얼마나 많은 생각이 스쳤는지 모른다. 나는 예수 그리스도의 제자다. 나는 그리스도의 사람이다. 그 사람이 될 것인가, 아니면 가짜가 될 것인가? 나의 진짜 자아를 따를 것인가, 아니면 거짓된 모습을 보일 것인가? 진정한 예수 그리스도의 제자로 살기를 선택할 수 있을까? 나는 그때 대담하게 상사에게 복음을 전했노라고 말하고 싶다. 하지만 책의 서두를 거짓말로 시작하는 건 옳지 않을 것이다. 대담하지는 못하게, 나는 내 신앙에 대해 작게 웅얼거렸다. 상사는 웅얼대는 내 말을 못 듣고 되물었다. 다시 한 번 내가 믿는 것에 대해 어설프게 덧붙였다. 그랬더니, 놀랍게도 상사가 내 뜻을 알아챘다. 그는 그 자리가 내게 불편하다는 걸 몰랐고, 바꾸는 걸 고려해보겠다고 했다. 그가 사무실에서 나가자, 등줄기에 땀이 흘러내렸다. 불안이 지나갔다. 나는 바울은 아니지만, 궁지를 벗어났다. 최소한 나는 가짜가 아니었다.

그러나 모든 걱정이 끝난 것은 아니었다. 곧바로 두려워졌다. 동료들이 뒤에서 내 신념을 비웃고, 중요한 거래나 회의에 나를 빼놓으려 할 것

같았다. 그런데 놀랍게도 내가 용기를 내자, 다른 이들이 나를 더 인정하는 걸 깨닫게 됐다. 그 반응을 보면서, 나의 진짜 자아를 따르는 것에 대한 확신이 더욱 커졌다. 하나님의 은혜로, 그 후로도 나는 어떻게든 믿음 안에서 진정한 내가 되기 위해 애썼다. 그때를 돌아보면, 내가 그 질문을 받기 전에 먼저 그것을 깊이 생각할 수 있게 해주신 하나님께 감사하다.

실제로 사람들은 자신이 누구인지 모른다. 또 안다고 하더라도, 그 정체성을 따라 살겠다는 내적 결단이 부족한 경우가 많다. 그 결과 혼란이나 압박을 겪으며 엄청난 내적 갈등에 직면한다. 스트레스와 불안이 견딜 수 없을 만큼 커진다. 자신이 누구인지, 또는 뭘 해야 하는지 모르기 때문이다. 특히 십대들이 그렇다. 내가 이끄는 청소년 그룹의 성실한 학생들도 그랬다. 그들은 기도하고, 성경 읽고, 하나님과 동행하기를 간절히 바랐다. 하지만 주말에 또래들과 함께 있을 때면 자신의 신앙과는 정반대로 행동하게 되었다. 그러다 결국은 죄책감에 괴로워하며, 자신의 이중성에 혼란을 느끼고, 그리스도 안에서 진정한 정체성에 걸맞게 살지 못하는 것에 좌절하며 집에 돌아간다.

이는 어른들도 마찬가지였다. 가족과 함께 교회에 와서 소그룹 모임에 참석하고 사역 팀에서 봉사를 하는 이들에게도 숨겨진 모습들이 있었다. 직장에서는 동료들처럼 똑같이 욕설을 하고, 개인의 이익을 위해 윤리관을 굽히고, 과음을 하고, 매력적인 이성을 음흉하게 쳐다본다. 그러다 집에 돌아올 때면 자신의 이중성 때문에 마음이 갈기갈기 찢긴다. "난 정말로 어떤 사람인가?"라는 의문이 들고 죄책감에 괴로워한다. 그리스도 안에서 자신이 누구인지 알지만, 그 정체성대로 살고 있지 않다. 그것이 오래 지속될수록 자신이 갈망하는 진정한 삶에서 점점 더 멀어진다.

물론 완벽한 사람은 없다. 자신의 진정한 정체성을 아무리 확신한다 해도, 실수를 반복하며 또 거짓 정체성을 따라 살지도 모른다. 그러나 그럴지라도 우리가 우리의 진정한 정체성을 따르려 할 때에 진정으로 하나님이 약속하신 풍성한 삶을 만날 수 있다.

"내가 온 것은 양으로 생명을 얻게 하고 더 풍성히 얻게 하려는 것이라" (요 10:10)

우리가 진실하게 살수록 죄책감, 갈등, 좌절감 때문에 고통스러워하는 시간이 줄어들 것이다. 이 책이 당신에게 자신이 진정 누구인지 알도록 도와주고, 그 정체성을 따라 살아갈 수 있는 용기를 주기를 기도한다. 이제 시작해보자. 먼저 질문을 해보라.

나는 누구인가?

우리는 모두 어느 시점에서 이 질문과 씨름한다. 그리고 바로 답을 얻지 못하면 그것을 붙들고 거듭 씨름할 것이다. 그 과정은 끝이 없고 절망적인 것만 같다. 우리는 여러 방법으로 이 질문에 답할 수 있는데, 그 중

많은 것이 문화 또는 직업에서 나오는 것이다. '나는 은행원이다, 나는 조의 아내, 또는 베티의 남편이다, 나는 채식주의자다, 나는 민주당원 또는 공화당원이다, 나는 하찮다, 나는 외롭다.' 등등. 이것은 정체성 문제다. 불황기에는 실직과 생활환경의 변화로, 많은 사람이 이 문제를 진지하게 고민하였다. 그들은 이런 질문을 하지 않을 수 없었다.

"내가 이 직장에 계속 다닐 수 없다면, 이 동네에 계속 살 수 없다면, 이 차를 몰 수 없다면, 이런 옷들을 입을 수가 없다면, 이 인간관계에서 성공하지 못한다면, 그러면 나는 누구인가?"

우리는 답을 알고 싶지만, 어떻게 답을 찾을지 확신이 없다. 그와 상관없이 우리가 정하는 답은 매우 중요하다. 그것이 우리 자신을 바라보는 관점을 형성하고, 결과적으로 우리의 세상을 바라보는 관점을 형성하기 때문이다. 당신은 그것을 알았는가? 당신이 이 한 가지 질문에 어떻게 답하는지가 당신 삶의 많은 부분에 영향을 미칠 것이다. 그렇다면 올바른 답을 얻기 위해 노력할 가치가 충분히 있을 것이다.

초청을 받다

우리의 문화를 보더라도, 자신이 누구인지 아는 일은 중요하다. 우리는 자신의 빛을 지닌 자들이며 빛을 창조하는 자들이다. 우리는 자신에게 작은 신과 같다. 우리는 우리에게 가장 좋은 것이 무엇인지 안다. 우리에게 참된 것이 무엇인지 안다. 객관주의 철학자 아인 랜드는 이렇게 말한 바 있다.

> "인간의 개념은 영웅적 존재이고, 그의 행복은 인생의 도덕적 목표이며, 그의 가장 고상한 활동은 생산적인 업적이요, 그에게 유일하게 절대적인 것은 이성이다."[2]

그렇지 않은가? 그것이 우리 자신이다. 우리 자신의 행복을 유일한 목적으로 삼는 우리 자신의 "영웅적 존재"인 것이다. 적어도 우리는 그런 말을 듣고 있다. 그러나 생각해보자. 어떻게 이것이 가능하겠는가? 내가 나 자신에 대해 알고 나의 결점과 실패를 잘 아는데, 어떻게 내가 나 자신의 정체성 또는 존재의 근원이 될 수 있겠는가? 결코 자신만으로는 충분치 않다. 그러나 우리 시대의 메시지는 그렇게 이야기하고 있다.

당신은 '나는 누구인가?'라는 질문에 어떻게 대답하는가? 당신의 직업에 따라 당신의 정체성을 정하는가? 당신의 자아 개념이 오로지 당신의 지위나 명성으로 결정되는가? 당신의 정체성은 과거의 성공 또는 실패에 근거를 두는가? 당신의 마음을 정직하게 살펴볼 때 어떻게 대답하겠는가?

감사하게도 우리는 이 답을 찾지 않아도 된다. 하나님께서 우리에게 퍼즐의 큰 조각을 주셨고, 그것은 복음에서 발견할 수 있다.

복음의 좋은 소식, 그리고 이 책의 목적은 이것이다.

(1) 그리스도 안에서 당신의 정체성을 알려 준다.
(2) 그 정체성대로 살 용기를 준다.
(3) 당신이 처음 두 가지를 할 수 없을 때 생기는 내적 갈등을 가라앉혀 준다.

답은 하나님의 말씀에서 찾을 수 있다.

"곧 창세 전에 그리스도 안에서 우리를 택하사 우리로 사랑 안에서 그 앞에 거룩하고 흠이 없게 하시려고 그 기쁘신 뜻대로 우리를 예정하사 예수 그리스도로 말미암아 자기의 아들들이 되게 하셨으니"(엡 1:4-5)

그리스도 안에서, 우리는 하나님의 자녀들이다. 그리스도 안에서, 우리는 하나님의 가족의 일원이 되는 모든 권한과 특권을 받았다. 그런데 생각해보라. 우주의 창조자이시자, 당신 생명의 창조자가 사랑으로 당신을 자녀 삼으셨고, 온전한 가족으로 맞아주셨다. 당신은 하나님의 자녀이다. 되어 가고 있거나, 희망하거나, 되기 위해 노력하고 있는 것이 아니다. 이미 완료된 일이다. 당신은 그의 자녀이며 가족이다.

질문 : 나는 누구인가?   답 : 나는 하나님의 자녀이다.

해리 그린은 전 세계 교도소에 목사들을 보내어 사역하는 국제선교회 '굿 뉴스 제일'(Good News Jail)과 '프리즌 미니스트리'(Prison Ministry)의 회장이다. 한때 재소자 신분이었던 해리는 자신이 그리스도를 만난 이야기를 이렇게 전한다.

해리가 석방되자, 감옥에서부터 그를 돌보아주던 목사는 해리가 적합한 일자리를 찾을 때까지 자신의 집에 살게 해주었다. 해리가 목사에게 가장 놀랐던 것은, 그가 기꺼이 자신에게 자기 가족과 함께 식사를 하자고 한 것이었다. 목사의 아내, 그의 두 딸, 그리고 해리가 함께 둘러앉았다. 흉악범이었고 교도소 재소자였던 해리가 목사의 가족 식탁에 앉아 식사를 하게 되었다. 해리의 과거와 상관없이, 그는 목사의 가족이 될 권한과 특권을 부여받은 것이다!

하나님의 자녀가 된다는 것은 그런 것이다. 당신은 그의 식탁에서 함께 식사를 한다. 당신이 과거에 뭘 했고, 또 뭘 못했든 간에 당신은 하나님의 영원한 가족으로 초청받았다. 하나님은 "와서 내 식탁에서 먹자. 너는 내 것이다. 너는 내 자녀다"라고 말씀해주신다.

뿐만 아니라 하나님은 우리를 귀하게 여겨주신다. 스바냐 3장 17절에서는 우리 하나님이 "너로 말미암아 즐거이 부르며 기뻐하시리라"고 말씀하신다. 상상해보라. 하나님께서 노래를 부르실 만큼 당신을 기뻐하신다. 더 나아가 하나님은 에베소서 2장 10절에서 바울을 통해 우리를 하나님이 만드신 작품이라고 선언하신다. 우리의 생명은 하나님께서 특별하고 놀랍게 만드셨다. 그래서 우리는 그의 나라를 건설하며 그를 섬길 수 있다. 이 진리를 꼭 붙들고 깊이 새길 때 우리는 변화한다. 어떻게 그렇지 않을 수 있겠는가? 우리의 생명이 우리의 사랑하는 아버지께 나왔으니, 우리의 정체성은 오직 하나님 안에서, 또 하나님을 통해서만 발견할 수 있다. 그것은 단순하지만 특별히 강력한 진리로, 우리의 마음을 변화시킬 뿐만 아니라 자기 자신을 바라보는 관점과 세상을 바라보는 관점도 변화시킬 수 있다.

내적 갈등

이 진리는 매우 강력하지만 우리를 피해 가기도 한다. 그것은 우리가 아버지의 성품과 본질과 사랑을 제대로 이해하지 못해서이거나, 우리가 속한 문화가 우리에게 강요하려 하는 틀 속에 갇혀 있기 때문이다.

제니퍼에 이어 또 다른 이의 삶을 살펴보자. 그는 스스로 예수 그리스도를 따른다고 고백한다. 그러나 또한 다른 이들의 시선과 기대를 지나치게 의식한다. 그들에게 휩쓸려 폭음을 하고, 여러 파트너와 성관계를 갖고, 마리화나를 피운다. 또래들에게 거절당하는 것에 대한 두려움이 너무 커서, 그리스도 안에서의 진정한 정체성을 따라 살 수가 없는 것이다. 그러다 집에 돌아오면 다음날은 그리스도를 위해 살지 못한 것에 대한 죄책감에 휩싸인다. 그는 자신이 누구인지 알고 있지만, 그 정체성을 따라 살지 않는다.

　두 이야기는 완전히 다르지만, 둘 다 깊은 내적 고통을 초래했다. 제니퍼는 테니스를 빼놓고는 자신에 대해 무지했다. 그녀에겐 답이 없었다. 또 그다음 이야기의 그는 자신이 누구인지 알지만, 그렇게 살지 못하고 있다. 두 사람이 직면한 내적 갈등은 개인의 정체성이라는 문제에 뿌리를 둔다는 점에서 비슷하다. 그것은 좀처럼 이해하기 힘들지만 궁극적으로 그리스도 안에서 답을 찾을 수 있는 문제이다. 이 내적 갈등은 우리 모두가 씨름하고 있는 것이다. 우리가 그리스도 안에 있을 때에도 마찬가지다. 초대 교회의 위대한 지도자이자 신약성경의 여러 권을 저술한 바울은 로마서 7장 15절에서 이런 말을 했다.

> "내가 행하는 것을 내가 알지 못하노니 곧 내가 원하는 것은 행하지 아니하고 도리어 미워하는 것을 행함이라"

　우리는 우리가 무엇을 하기 원하는지를 안다. 우리가 뭘 해야 하는지도 안다. 그러나 실제로는 정반대의 행동을 하며, 그 이후엔 미친 듯 괴롭다. 왜 나는 이렇게 행동하는 걸까? 왜 그렇게 했을까? 그것이 인간성의 한 부분이며, 모든 사람의 마음속에서 일어나는 싸움이다. 우리의 선택들과 관련하여 내적 갈등이 있으며, 어떻게 하면 평화를 찾을 수 있을지 알고 싶다. 우리의 진짜 모습대로 살고 싶고, 우리가 만들어 낸 가짜 모습은 버리고 싶다. 놀랍게도, 하나님은 우리에게 이 문제를 풀려는 내적 본능을 주셨다. 그는 무한하고 영원한 지식으로, 우리가 이 세상 것으로 정체성을 형성하려고 할 것을 알고 계셨다. 하나님은 전도서 3장 11절에서 솔로몬을 통해 이 사실을 보여주신다.

"(하나님이) 사람들에게는 영원을 사모하는 마음을 주셨느니라"

희미한 속삭임

하나님은 우리 각 사람 안에 궁극적인 것들에 대한 질문을 심어 두셨다. 그것이 바로 '영원'이 의미하는 바다. 하나님은 우리 마음속에 참으로 영원한 것, 또는 다른 말로 하면 진정 중요한 것을 깨닫고자 하는 갈망을 주셨다. 이 갈망이 우리로 하여금 자신이 진정으로 누구이며 이 세상에서 어떤 역할을 하는지 알려고 애쓰게 만든다. 우리 마음의 가장 깊은 갈망들을 만족시키는 답을 발견할 때까지 찾고 또 찾게 만드는 것이 하나님이 주신 내적 기제이다. 우리를 창조하신 분과의 깊은 관계에서 오는 기쁨을 갈망하는 것이다. 나는 하나님이 우리 자신의 장치들만 따르도록 내버려두지 않으셨다는 것이 참 기쁘다. 하나님은 우리가 종종 잘못된 길을 선택하리라는 것을 아셨다. 그래서 자비롭게도 우리가 결국 하나님께 다시 돌아갈 때까지 계속 구하고, 찾고, 묻게 만드는 도구를 주셨다. 우리의 마음속에 영원을 사모하는 마음을 주신 것이다.

작가 토머스 켈리는 그의 책에서 이렇게 말한다.

> 인생의 여백에 들리는 작은 속삭임, 희미하게 부르는 소리, 우리가 지나치고 있는 너 풍성한 삶에 대한 예감이 찾아온다. 매일 엄청난 속도로 주어지는 의무들에 시달려 더욱 불안감은 커지지만, 분명 이 정신없이 바쁜 삶보다 훨씬 더 풍성하고 깊은 삶이, 서두르지 않고 침착하고 평온하고 능력 있는 삶이 있을 거라는 암시가 있기 때문이다.[3]

우리의 마음속에는 영원의 문제가 있다. 그것은 계속 따라다니는 느낌, 빈틈, 당신의 손가락으로 막을 수 없는 구멍, 또는 켈리의 말처럼 "희미한 속삭임"이다. 그것은 궁극적이고 영원한 것에 관한 문제다. 즉 '나는 누구이며 여기서 무엇을 하고 있는가' 하는 것이다. 우리는 자신이 왜 그렇게 느끼는지 설명할 수 없지만, 이 삶에는 우리가 경험하고 있는 것보다 더 많은 것이 존재한다는 속삭임을 듣는다. 우리는 자신이 자기의 모든 인간관계와 인맥, 급여보다 더욱 가치 있는 존재라 믿으며, 그것을 알기 원한다.

그러나 그것을 발견하기 위해선 그 가운데 싸움이 있다. 그리고 때로는 그것을 발견하더라도, 그리스도 안에 있는 우리의 진정한 정체성 대신 가짜 정체성을 따라 살라는 압박을 받는다. 우리의 싸움에 대한 해답, 우리의 내적 갈등에 대한 해답은 한 유대인 목수의 삶 속에서 발견된다.

그를 알게 될 때 당신은 자신을 바라보는 관점뿐 아니라 세상에 대한 방식도 바뀌게 된다. 당신의 진정한 정체성을 따라 살기 때문이다. 래비 재커라이어스는 자신의 책에서 이를 언급했다.

> 우리는 자신에 대해 무엇을 알고 있는가? 자신이 무엇을 느끼는지, 무엇을 갈망하는지, 누구를 사랑하고, 미워하고, 판단하는지를 안다. 간단히 말해서, 우리가 자신에 대해서 아는 것들은 모두 우리의 감각을 통해서 아는 것이다. 그러나 우리가 자신에 대해 아는 것은 부분적인 것이다. 우리를 완전히 아시는 분은 하나님밖에 없다. 따라서 우리가 하나님과 하나님의 존재를 부인하면 우리를 완전히 아시는 한 분을 거부하는 것이며, 그 결과 우리는 정말로 우리 자신과 다른 사람들에게 낯선 사람이 된다.[4]

어떻게 감히 우리를 지으신 분보다 우리 자신을 더 잘 안다고 말할 수 있겠는가? 하나님이 우리를 지으셨다면, 당연히 하나님이 우리의 안과 밖을 아신다. 시편 139편 1-4절은 이렇게 말한다.

> "여호와여 주께서 나를 살펴 보셨으므로 나를 아시나이다 주께서 내가 앉고 일어섬을 아시고 멀리서도 나의 생각을 밝히 아시오며 나의 모든 길과 내가 눕는 것을 살펴 보셨으므로 나의 모든 행위를 익히 아시오니 여호와여 내 혀의 말을 알지 못하시는 것이 하나도 없으시니이다"

나는 하나님께 지음 받은 내 모습의 한도 내에서 내 삶을 살고 있지만, 내가 나 자신을 창조하지 않았다. 따라서 내가 누구인지, 또는 이 세상에서 어떤 역할을 해야 하는지, 왜 내가 다른 이들에게 없는 재능이나 자질들을 갖추고 있는지 잘 모르겠다면, 가장 확실한 길은 창조주를 찾는 것이다. 실제로 나는 창조주를 알아야 한다. 내가 창조주를 알 때 그가 나를 만드신 목적을 깨닫게 될 것이다. 그가 나뿐만 아니라 그가 만드신 모든 이들과 관계를 맺으시는 모습 속에서 그의 양식과 습관들을 잘 알게 될 것이다.

이 책이 당신에게 그것을 알려 주기를 기도한다. 당신이 하나님을 몰랐기에 자기 자신을 진정으로 알 수 없었거나, 아니면 하나님을 알지만 깊은 내적 갈등을 겪으며 당신의 진정한 본질에 따라 살지 못했을지라도 답은 있다. 그 답은 하나님 안에서 발견되며 당신의 삶을 바꿀 것이다.

지혜로운 자는 그의 지혜를 자랑하지 말라
용사는 그의 용맹을 자랑하지 말라
부자는 그의 부함을 자랑하지 말라
자랑하는 자는 이것으로 자랑할지니 곧 명철하여 나를 아는 것과
나 여호와는 사랑과 정의와 공의를 땅에 행하는 자인 줄 깨닫는 것이라 (렘 9:23-24)

하나님의 자녀의 관심을 사로잡을 수 있는 최고의 과학,
가장 고귀한 추측, 가장 강력한 철학은
우리가 아버지라 부르는 위대하신 하나님의 이름, 본성, 인격, 일, 행함, 존재이다. - 스펄전

생각보다 더 가까이 계시는 하나님
하나님이 우리에게 더 가까이 계심을 알아가자

나는 갇혀있는 것을 무척 괴로워한다. 사람이 꽉 찬 엘리베이터, 붐비는 식당, 또는 지금 말하려고 하는 MRI 기계 안에서 더욱 그렇다.

5년 전, 팔 신경에 문제가 생겨 MRI 검사를 받아야 했다. 갇히는 것에 대한 내 고민을 말하자, 의사는 알약 두 개를 처방해주었다. 그리고 검사 당일, 그 약을 먹자 나는 기분이 굉장히 좋아졌고, 아무 걱정 없이 검사를 받았다. 검사가 끝나고는 아버지와 닭 요리를 사 왔다. 집에 와서 그것을 먹고 잠이 들었다. 그런데 정말 이상한 것은 다음날이었다. 전 날 있었던 많은 일들이 기억났지만 왠지 실제로 일어났던 것 같지가 않았다. 기억들이 어쩐지 이상하고 꿈만 같았다. 내가 정말로 그 일을 했는지 확실치가 않았다. 어제 사온 닭 요리의 포장지를 찾아보기까지 했다. 그 작은 알약에 뭔가 있었던 것이 틀림없었다.

우리는 모두 그와 같은 순간들이 있었다. 어떤 일들이 일어났고 우리는 그것을 안다. 하지만 어떤 이유로 우리의 기억이 희미해지면 그 일들이 진짜인지 의심한다. 그 경험에서 멀어질수록 실제로 무슨 일이 일어났는지에 대한 확신이 줄어든다.

우리의 영적인 삶 속에서 우리 자신을 발견할 수 있는 곳이 바로 이 지점이라 생각한다. 우리는 자신의 정체성과 세상에서 우리가 어떤 존재인지를 깨닫기 위해 애쓰며, 그 과정에서 하나님을 생각할 것이다. 우리는 하나님과 함께하는 순간들이 있고, 그런 경험들을 할 때는 하나님이 가까이 계신다고 생각한다. 그러나 거기에서 더 멀어지거나, 아니면 그 일들에 대해 더 생각할수록 이런 의문이 들 수 있다. 그게 진짜였을까? 하나님이 정말로 거기 계셨을까? 누구나 자기 자신에게 이렇게 묻는 순간이 있을 것이다. 하나님은 누구실까? 진짜 하나님이 계실까?

그러나 그런 의문이 존재하지 않던 때가 있었다. 창세기의 아담과 하와가 그랬다. 하나님이 늘 그들과 함께하셨기 때문이다. 그들은 질문할 필요가 없었다. 하지만 그 후 무슨 일이 일어났는가? 하나님의 백성들이 반역했다. 그 결정의 결과들이 쌓이면서 그들은 점점 더 하나님으로부터 멀어졌다. 사람들은 더 이상 예전처럼 하나님을 보거나 하나님의 음성을 듣지 않았고, 때때로 하나님이 사자들을 보내셔도 그 음성에 익숙하지 않아 진짜 하나님의 사자인지 의심했다. 하나님께 이르러 탑을 쌓기도 했다. 가끔 하나님을 경험했지만 그들은 점점 더 의심이 많아졌다.

오늘날의 우리 역시 그런 상태이다. 우리의 문화 가운데 하나님의 부재가 너무 크고 하나님을 인정하지 않기 때문에, 예전에 하나님을 생각하거나 경험했던 일들이 진짜였을까 의심이 드는 것이다. 하나님이 실제로 계시며 우리의 삶 속에서 일하고 계실까 하는 의문이 든다. '내가 정말 하나님을 알았을까, 아니면 그 모든 것이 꿈이 아니었을까?' 빌 브라이트는 그의 저서에서 우리에게 이렇게 묻는다.

> 거대한 은하계 한가운데 있는 행성의 작은 점보다 더 작은 한낱 인간이 만물을 창조하신 위대한 하나님을 알 수 있을까?

마음속에 있는 영원한 질문이 떠나지 않으니, 우리는 무엇을 하겠는가? MRI 검사를 받은 다음날 내가 그랬던 것처럼 우리는 묻는다. 쓰레기를 뒤지며, 사실이라고 생각하지만 확신할 수 없는 것의 증거를 찾는다. 그때 우리는 무엇을 발견하는가?

우리 문화 속에서 수많은 사람이 줄지어 우리에게 이렇게 말하려 한다.

"당신의 예감이 맞아요. 그건 꿈이에요. 하나님은 당신의 머릿속에 계시죠. 당신이 하나님을 만들어낸 거예요."

무신론자 샘 해리스의 이야기다.

나는 가장 헌신적인 모습으로 나타나는 기독교의 지적, 도덕적 가식들을 무너뜨리는 일에 착수했다.[2]

리처드 도킨스도 이렇게 말한다.

구약의 하나님은 아마 모든 소설에서 가장 불쾌한 인물일 것이다. 옹졸하고, 불공정하고, 용서하지 않으며, 만사를 자기 뜻대로 하려 한다.[3]

또 크리스토퍼 히친스도 열심히 이 같은 이야기를 하고 있다.[4]
이 책들은 다 뉴욕타임스 베스트셀러 목록에 올랐다. 이들의 말은 많은 사람이 듣고 있고, 그들이 계속 갖고 있던 의문을 한 번 더 확인해줄 뿐이다. 하나님이 정말 계실까? 내가 하나님을 알 수 있을까? 아마 그들에 따르면, 대답은 '아니오'다.
그렇더라도 나는 이 작가들이 한 가지 유익을 주었다고 생각한다. 그들이 하나님에 관한 문화적인 대화를 만들어냈기 때문이다. 이 공격적인 무신론자들이 하나님에 대한 부정적인 견해를 매우 노골적이고 적극적으로 나타냈기 때문에, 사람들은 그 견해가 맞는지 생각해보지 않을 수 없었다. 여러 면에서 이것은 지금의 문화적 대화를 이끌어내는 북소리였다. 많은 이들이 점점 더 영적인 일들에 관심을 갖지만 어떻게 답을 해야 할지 확신하지 못한다. 생각해보자. 하나님을 알기 전에는 우리 자신을 알 수 없다면, 우리는 이렇게 물어야 한다. 우리가 정말로 하나님을 알 수 있을까? 어떻게 알 수 있는가?

이 질문을 탐색함에 있어, 요한복음 16장이 유익한 답을 제시한다. 예수님은 제자들에게 그가 떠나면 그들의 삶이 얼마나 급진적으로 달라질 것인지를 말씀하고 계신다. 그때까지 그들의 세상은 매우 안정적이었다. 예수님은 그들을 부르셨고 그들은 순종하며 따랐다. 그들은 예수님의 가르침을 들었고 예수님이 다른 사람들에게 미치는 영향력을 보았다. 하지만 예수님이 예루살렘에 가까이 가실수록 더 많은 것들이 달라지기 시작했다. 반대가 심해졌다. 상황은 그리 평화롭지 않았고, 예수님은 자신이 떠날 것에 대해 말씀하기 시작하셨다. 그의 죽음이 다가오고 있다고 하셨고 제자들도 비슷한 박해와 고난을 받게 될 거라고 하셨다. 그들의 삶 전체가 이 예수님과의 관계에 기초를 두고 있었기에, 이 시점에서 제자들은 아마 내가 했던 것과 똑같은 의문을 품었을 것이다.

'예수님, 당신이 우리가 생각했던 사람이 맞습니까? 지난 3년간은 단지 환상이었던 겁니까, 아니면 당신과 하나님에 관한 이 모든 것이 사실이었습니까?'

감사하게도 예수님은 그들의 두려움과 의심을 아시고, 그 문제들에 관하여 가르쳐 주셨다.

알 수 있는 하나님

우리는 여기서 큰 확신을 발견한다. 즉, 하나님이 자신을 알리기 원하시기 때문에 우리가 하나님을 알 수 있는 것이다. 예수님은 성령님이 "내 영광을 나타내리니 내 것을 가지고 너희에게 알리시겠음이라"(요 16:14)고 말씀하신다. 그는 마태복음 7장 8절에서 "찾는 이마다 찾아낼" 거라 말씀하신다. 하나님이 숨으려고 하시는 것처럼 들리는가? 나는 그렇게 생각하지 않는다. 예수님이 누구신가? 그는 살아계신 하나님을 인격적으로 가장 잘 나타내 보이신, 인간의 몸을 입은 하나님이시다. 우리에게 자신을 알리기 원한다고 말씀하시는 하나님이시다.

더 나아가, 시작도 끝도 없는 창조주이자 하늘과 땅을 존재케 하신 분, 지금도 계속 우주를 지탱하고 계신 하나님이심을 기억한다면, 그가 자신을 알리기로 하지 않으시는 한 우리가 창조주를 알 수 없는 것은 당연하다. 만일 하나님이 숨어 있기 원하셨다면 그렇게 하셨을 것이다. 그러나 하나님은 그렇게 하지 않으셨다. 하나님은 창조하셨고 그 덕분에 우리는 하나님이 누구신지에 대한 일반적인 지식을 갖게 되었다.

그렇다면 당신은 이것을 더 알아보고 싶지 않은가? 우주를 창조하셨을 뿐만 아니라 당신도 만드신 그분을 당신이 알 수 있다면, 그 일에 당신의 시간과 노력을 투자할 가치가 있다고 생각하지 않는가? 그렇기에 하나님을 아는 것이 우리 인생의 주요 목적이 되어야 한다. 그러나 놀랍게도 대다수가 이를 슬쩍 쳐다보고 마는 것에 그친다. 다음의 인용을 보자.

우리는 무엇을 위해 창조되었나? 하나님을 알기 위해서다. 우리는 무엇을 인생의 목표로 삼아야 하는가? 하나님을 아는 것이다. 인생에서 가장 중요한 것, 다른 무엇보다 더 큰 기쁨과 즐거움과 만족을 가져다주는 것은 무엇인가? 하나님을 아는 지식이다.[5]

예수님의 말씀에서도 이를 알 수 있다.

"영생은 곧 유일하신 참 하나님과 그가 보내신 자 예수 그리스도를 아는 것이니이다" (요 17:3)

그러므로 우리가 진짜 누구인지 알고자 하는 내적 열망은 참 생명을 알고자 하는 열망에서 나오는 것이다. 우리는 우리의 삶이 중요한 것이기를 원한다. 우리가 존재하는 이유가 있다고 믿고 싶다. 우리를 만드신 분이 누구인지 알고 그 안에서 우리의 목적을 깨달으면, 우리 자신을 알아가기 위한 문이 활짝 열리는 것이다. 빌 브라이트의 글이다.

우리가 하나님의 성품에 대해 참이라고 믿는 것이 우리의 친구 관계, 일, 여가생활에 영향을 미친다…… 오늘날 우리 문화 속에 있는 하나님에 대한 잘못된 관점 때문에 우리 사회는 도덕적 혼란에 빠져 있고 우리는 우리의 도덕적 영혼을 잃을 위험에 처해 있다.[6]

나는 우리 문화가 쇠퇴해가는 것과 우리 자신이 하나님과 멀어지는 것이 서로 관련이 있다고 믿는다. 거리가 멀어지면 관계가 힘들어진다. 처음 아내와 교제를 시작했을 때 우리는 서로 약 300km 정도 떨어진 곳에 살았다. 그 후 같은 도시에 살게 되기 전까지 2년 동안 그 거리를 왔다 갔다 해야만 했다. 우리는 서로 사랑했고 서로에게 헌신했지만, 분명 힘들고 어려운 일이었다. 거리는 의사소통을 더욱 힘들게 만들었고, 그런 어려움들로 인해 결국 관계에 균열과 틈이 생겼다. 우리가 서로 가까이 있었다면 그런 균열은 절대 생기지 않았을 것이다.

우리와 하나님의 관계에서도 마찬가지다. 거리는 문제들을 일으킨다. 우리는 하나님과 적당한 거리를 유지해 떨어졌고, 그 대가를 거두고 있다. 우리가 진정한 자아와 생명을 발견하는 유일한 길은 바로 하나님을 아는 것이다. 하나님께 가까이 다가가야 한다. 삶의 의미를 찾고 싶다면, 세상을 이해하고 싶다면, 당신이 직면한 문제들의 해답을 찾고 싶다면, 이 모든 것은 하나님을 아는 것과 관련이 있다. 그것은 우리 인생에서 추구해야 하는 가장 중요한 것이며, 삶을 변화시키는 발견이 될 것이다.

영광

대단한 사람과 함께 있을 때 자신이 초라하다고 느낀 적이 있는가? 나는 빌리 그레이엄 목사를 만났을 때에 그러했다. 그는 매디슨 스퀘어에서 16주의 밤 동안 있었던 집회, 러시아에 복음을 전한 이야기, 또 그의 사역

모두를 하나님이 공급해 주셨다는 이야기 등을 들려주었다. 그는 겸손하고 감사하는 자세로 조금도 거만하지 않게 말했다. 그것은 그저 하나님이 하신 일이었다. 하지만 나는 그 이야기를 듣고 내가 '패배자'라는 생각을 했다. 분명 경건하지 못했지만 내 솔직한 인간적인 반응이었다. 빌리 그레이엄과 함께 있는 동안 나는 완전히 열등감에 사로잡혔다.

사실 그것은 매우 일반적인 일이며, 하나님에 대한 지식이 자라기 시작할 때 우리에게 바로 그런 일이 일어날 것이다. 우리 자신이 진정 누구인지 알려면 하나님이 누구신가에 비추어 우리의 정체성을 이해해야 한다. 하나님은 우리와 같지 않으시다. 그는 빛이요 영광이며 거룩함이시다. 그러나 우리는 전혀 그런 존재가 아니다. 하나님의 완전하심은 우리 자신의 불완전함을 알려준다. 그것은 내가 정말 누구인지 말해 주며, 내게 구세주가 절실히 필요함을 보여준다. 당신의 진정한 정체성을 이해하려면 먼저 하나님의 영광을 이해해야 하며, 그 결과 당신의 죄악을 깨달아야 한다.

그러나 안타깝게도 우리는 하나님을 우리의 경험의 끄트머리로 이동시켜, 그분의 위상과 본성을 축소시켜 버렸다. 하나님은 더 이상 권위 있는 분이 아니라, 우리가 장난을 치며 돌아다녀도 우리를 제지할 힘이 없다는 것을 잘 알기에 그저 흔들의자에 앉아 사랑으로 눈감아 주시는 할아버지가 되어 버렸다. 우리는 하나님을 우리의 수준으로 끌어내렸고, 우리가 만든 상자 안에 가두어 버렸다. 그 결과 우리는 어떻게든 하나님이 우리의 필요를 채워 주고 소원을 들어 주기 위해 존재하신다고 믿는다. 우리가 바라는 것들이 결함이 있더라도 말이다. 그러나 하나님에 대한 참된 지식은 그의 본성에서 시작해야 한다. 바로 '영광'이라는 한 단어에 내재된 본성이다.

반복해서 말하지만, 하나님이 성경에 자신을 계시하실 때 우리가 발견하는 것은 영광이다. 시편 19편 1절은 "하늘이 하나님의 영광을 선포한다"고 말한다. 에스겔은 하나님을 만나고 이렇게 말한다.

"이는 여호와의 영광의 형상의 모양이라 내가 보고 엎드려"(겔 1:28)

이사야는 하나님께 부르심을 받은 순간 이렇게 말했다.

"내가 본즉 주께서 높이 들린 보좌에 앉으셨는데 그의 옷자락은 성전에 가득하였고…… 그때에 내가 말하되 화로다 나여 망하게 되었도다 나는 입술이 부정한 사람이요"(사 6:1, 5)

또한 월터 스미스의 위대한 찬송가에는 이런 가사가 나온다.

"불멸하시고, 보이지 않으시는 지혜의 하나님, 우리 눈으로 볼 수 없고 다가갈 수 없는 빛 가운데 계시도다."[7]

그 빛은 무엇인가? 바로 하나님의 영광이다. 우리는 제일 먼저 그것을 알아야 한다. 하나님은 우리가 통제할 수 있는 온유한 할아버지 같은 분이 아니다. 참으로 하나님은 너무나도 밝고 영광스러운 빛 가운데 계셔서 인간의 눈으로는 볼 수 없다! 우리는 그런 영광을 상상조차 하기 어렵지만, 그것은 사실이다.

출애굽기 33장에서 모세는 위험한 기도를 드리고 하나님은 그 기도를 들어 주신다. 그는 하나님께 그의 환경을 바꾸어 달라고 구하지 않는다. 우리가 종종 하듯이, 그의 문제들을 해결해 달라고 구하지 않는다. 대신 이렇게 기도한다.

"주의 영광을 내게 보이소서" (출 33:18)

이 기도는 다시 말해 이런 뜻이다.

"하나님, 저는 당신만을 원합니다. 당신을 제게 보여주소서. 당신을 알게 해주소서."

그러자 하나님이 정말 그렇게 해주셨다. 하나님은 이렇게 말씀하셨다.

"내가 내 모든 선한 것을 네 앞으로 지나가게 하고…… 네가 내 얼굴을 보지 못하리니 나를 보고 살 자가 없음이니라…… 내 영광이 지나갈 때에 내가 너를 반석 틈에 두고 내가 지나도록 내 손으로 너를 덮었다가" (출 33:19-22)

무슨 뜻인지 알겠는가? 하나님이 우리가 무엇을 명령할 수 있는 분 같은가? 하나님을 우리가 만든 상자 안에 가둬둘 수 있을 것 같은가? 우리는 이 하나님을 보면 살 수가 없다. 이 사실을 명심하라. 하나님의 영광스러운 임재의 충만함이 당신의 방 안으로 들어오면 당신은 그분의 광대한 빛에 파멸될 것이다. 그런데도 우리는 마치 하나님이 제한되고 통제받는 분인 것처럼 행동하고 돌아다닌다. 그래서 우리가 생각 없이 하나님의 이름을 망령되이 일컫고, 아무 기대 없이 예배를 드리러 가고, 어떤 문제를 만날 때 불길한 예감만 갖게 되는 것이다.

우리는 우리가 누굴 상대하고 있는지 모른다. 하나님의 실체는 영광이다.

영광을 보다

만약 그것이 끝이라면, 우리는 모두 곤경에 처할 것이다. 우리는 그와 같은 영광의 하나님께 다가가지 못할 것이다. 그와 관계를 맺지 못할 것이다. 그러나 내가 말했듯이, 하나님은 영광스러운 분이시나 또한 자신을 알리기 원하신다. 따라서 그의 영광이 나타난다.

요한복음 1장 14절을 보자.

"말씀이 육신이 되어 우리 가운데 거하시매 우리가 그의 영광을 보니 아버지의 독생자의 영광이요 은혜와 진리가 충만하더라"

하나님이 예수 그리스도 안에서 육신을 입으셨을 때 영광이 임하였다. 우리가 볼 수 있도록 하나님의 영광이 임한 것이다. 따라서 하나님의 영광을 알고 싶으면 예수님을 알아야 한다. 여기에 믿기지 않을 만큼 중요한 사실이 있다.

하나님은 영광스러우시다. 그는 예수님 안에서 그 영광을 드러내셨다. 우리가 예수님을 우리의 삶 속으로 초청할 때 하나님의 놀라운 영광이 임하여 우리 안에 거하게 된다. 물론 그것은 완전한 영광이 아니다. 언젠가 우리가 완전히 알게 될 영광의 조짐을 잠깐 보고 맛보는 것뿐이다. 그리스도를 통해 하나님의 영광이 우리 안에 거하게 된다.

그렇다면 어떤 일이 일어날 것 같은가? 하나님의 영광이 우리의 삶에서 배어나오기 시작할 것이다. 우리가 그런 사람이기 때문이다. 출애굽기에서 모세가 하나님을 만난 후 산에서 내려왔을 때 그의 얼굴에서 "광채"가 났다고 한다. 성령님에 의해, 하나님의 영광 속에 거하시는 그리스도가 우리 안에 사시게 되었다. 그래서 바울은 이렇게 말한다.

"우리가 다 수건을 벗은 얼굴로 거울을 보는 것같이 주의 영광을 보매 그와 같은 형상으로 변화하여 영광에서 영광에 이르니 곧 주의 영으로 말미암음이니라"(고후 3:18)

하나님은 영광스러우시다! 그의 영광은 그리스도 안에서 나타난다. 그리스도는 우리 안에 사신다. 따라서 우리가 그 지식을 가지고 순종하며 살 때에 하나님의 영광이 우리에게서 흘러나온다. 당연히 그렇지 않겠는가? 하나님의 영광이 우리 안에 있다면, 자연히 우리의 모습이 달라질 것이다. 그리고 모세가 그랬던 것처럼 그것이 매우 분명하게 나타나 사람들이 "무슨 일이 일어났습니까?"라고 물을 것이다. 그것은 목사의 참된 기쁨 중 하나이다.

나는 마음으로 하나님을 따르는 사람들의 얼굴에서 하나님의 영광을 보았다. 직장과 안락한 삶을 포기하고 아이티로 가서 자연재해와 질병으로 황폐해진 이들을 돕는 여성에게서 그의 영광을 보았다. 또 죽어가는 한 남자의 얼굴에서 하나님의 영광을 보았다. 그는 하나님에 대한 믿음과 사랑이 충만해 있었고 하나님의 영광에 들어갈 준비를 하면서 자신이 보는 것을 행복하게 묘사했다. 또 나의 첫 아이가 목에 탯줄을 감고 나와서 얼굴이 새파래지고 숨을 쉬지 못하다가 몇 분 뒤에 내 무릎 위에서 울음을 터뜨리며 기적적으로 살아났을 때 나는 하나님의 영광을 보았다. 장애를 가지고 있고 다른 아이들과 같은 세상의 관심을 받지 못하지만 자신이 사랑받고 있다는 것을 깨닫고 누리는 아이의 얼굴에서 하나님의 영광을 보았다.

그것을 설명할 길은 단 하나뿐이다. 영광. 그리고 그것은 매일 우리 주변에 있다. 그리고 그리스도를 통해 우리 안에 있다.

우리 자신을 알려면 하나님을 알아야 한다. 문화적 제한을 받는 모조품이 아닌 진짜 하나님을 알아야 한다. 하나님이 누구신가 하는 것이 우리 자신이 누구인가를 말해 주기 때문이다. 당신과 나는 그리스도를 통해 하나님의 영광을 지닌 채 숨 쉬며 살아가고 있다. 죄가 많고 불완전하다고? 맞다. 그러나 하나님의 영광이 있고, 그는 우리를 통해 영광을 나타내기 원하신다. 좋은 소식에 대해 이야기하라. 나는 예전의 내가 아니다. 나는 과거에, 내가 했던 일에, 또는 내가 하지 못했던 일로 규정되지 않는다. 내 안에 사시는 분, 그의 놀랍고 영광스러운 임재로 규정된다.

한 번에 다 되지 않는다

당신이 이 모든 사실에 대해 너무 흥분하기 전에, 우리와 하나님의 관계가 어떤 역할을 하는지를 말해 두겠다. 요즘에는 기술이 발달해서 웬만한 정보와 응답은 즉시 얻을 수 있다. 그런데 하나님과의 관계에선 그렇지 않다. 그럴 수가 없다. 아마 우리가 감당할 수 없을 것이다. 예수님은 요한복음 16장 12절에서 이렇게 말씀하신다.

"내가 아직도 너희에게 이를 것이 많으나 지금은 너희가 감당하지 못하리라"

다시 말하면, 우리가 지금 당장은 이해할 수 없는 것들을 예수님이 결국엔 보여주실 것이다. 유한한 인간으로서 우리가 어떻게 무한하신 하나님을 온전히 이해할 수 있겠는가? 그럴 수 없다. 하나님은 자신을 드러내시지만, 점진적으로 보여주신다. 당신이 하나님의 영광스러운 모습을 알게 될수록 하나님의 영광스러운 자녀로서 당신의 정체성을 더욱더 깨닫게 될 것이다. 하지만 당신이 많이 알게 될수록 또한 무한하시고 측량할 길 없는 하나님을 얼마나 알지 못하고 있는지 깨닫게 될 것이다. 하나님에 대한 지식은 먼저 그의 영광에서 시작되어야 한다. 하나님은 자신을 알리기 원하시며, 조금만 살펴보면 모든 곳에서 단서를 찾을 수 있다.

루이 기글리오 목사가 인체의 세포 '라미닌'을 묘사하는 것을 들을 때도 그랬다. 라미닌은 세포 접착 분자로, 다양한 형태의 세포들을 한데 묶어 우리 몸이 산산조각 나지 않게 하는 역할을 한다. 우리 몸의 핵심 요소들을 결합하여, 우리가 하나님의 설계대로 살며 움직일 수 있게 해주는 개체다. 그런데 이 라미닌의 세포 모형 그림을 본 적이 있는가? 놀랍게도 그것은 십자가의 형상을 하고 있다. 과학의 영광을 찬란히 드러내면서 말이다.

십자가, 골로새서 1장 17절은 이렇게 말한다.

"그가 만물보다 먼저 계시고 만물이 그 안에 함께 섰느니라"

그리스도 안에서 계시된 우리 하나님이 만물을 그의 손 안에 붙들고 계신다. 그 진리에 대한 우리의 지식은 그리스도의 십자가에서 가장 명백하게 나타난다. 그렇다면 인간의 몸을 붙들고 있는 것은 무엇인가? 라미닌이다. 그것은 어떤 모양을 하고 있는가?

십자가다. 우연이라 말할지 모르지만 나는 그것이 하나님께서 우리에게 그의 영광을 나타내시는 또 하나의 방법이라고 생각한다. 하나님은 만물을, 우리 몸을, 우리의 세상을, 우리의 삶을 모두 붙잡고 계신 분이다. 또 우리가 구원을 발견하는 유일한 길은 하나님을 알고 그분과 올바른 관계를 맺는 것이다. 하나님은 만물의 중심에 계시며, 그의 영광을 위해 우리를 창조하시고, 존속시키시며, 구속하시고, 연합시키신다.

하나님 알아가기에 힘쓰자. 그를 앎으로써 우리 자신이 참으로 누구인지 알게 될 것이다. 하나님이 우리의 육체적 본질의 중심에 계시며, 라미닌과 같은 작은 것 안에서도 그 모습을 계시하신다면, 하나님은 또한 우리의 정체성의 핵심이라 할 수 있다.

그들이 그날 바람이 불 때 동산에 거니시는 여호와 하나님의 소리를 듣고
아담과 그의 아내가 여호와 하나님의 낯을 피하여 동산 나무 사이에 숨은지라
여호와 하나님이 아담을 부르시며 그에게 이르시되 네가 어디 있느냐 (창 3:8-9)

대부분의 사람들은 조용히 자포자기하며 살다가
마음속에 노래를 간직한 채 죽음을 맞이한다. - 헨리 데이비드 소로

아직도 계속되는 숨바꼭질
우리는 왜 알려지기를 꺼리는가

어느 날, 사무실에서 일을 하다가 한 통의 전화를 받았다.

"따님을 마지막으로 본 게 언제였습니까?"

나는 수화기를 내려놓고 집으로 달려갔다. 경찰관들과 소방관들이 흩어져 우리 집 근처를 꼼꼼하게 살피고 있었다. 이웃들도 다 나와서 살펴보았다. 눈물로 얼룩진 아내의 얼굴은 얼어붙은 듯 멍하게 있었다. 아내는 내 어깨에 얼굴을 묻고 말했다.

"케이리를 못 찾겠어요. 다 찾아 봤는데도 없어요."

딸 케이리가 2시간 넘게 보이지 않았던 것이다. 이제는 나도 제정신이 아니었다. 나도 딸아이를 찾아 나섰다. 아이가 내 목소리를 들을 거라고 믿고, 온 동네를 다니며 목이 터져라 이름을 부르기 시작했다. 그러나 아무 대답이 없었다.

그때 번뜩 생각나는 게 있었다. 숨바꼭질. 나는 그날 점심시간에 집에 있었고, 우리는 숨바꼭질 놀이를 했었다. 나는 케이리가 제일 숨기 좋아하는 장소로 갔다. 아이의 침실에 길게 늘어진 커튼 속이다. 아니나 다를까, 케이리가 커튼 밑에서 몸을 동그랗게 만 채 잠들어 있었다. 나는 딸아이를 품에 안고 크게 울며 밖으로 뛰어가 마당에 있는 모든 사람에게 소리쳤다. 내 인생에 그보다 더 행복한 순간이 있었을까 싶다.

"케이리, 우린 널 찾을 수가 없었어. 그래서 이 사람들이 다 널 찾는 걸 도와주러 왔어."

"아빠, 전 길을 잃어버린 게 아니에요. 그냥 숨어 있었어요."

정말 끔찍했던 날이지만, 거기서 얻은 교훈도 있었다. 그 경험은 한 인간으로서 내가 누구인지에 대한 깊은 진리를 더 강하게 깨우쳐 주었다. 나의 정체성의 본질적인 요소들 중 하나를 말이다. 바로 '숨기'를 좋아한다는 것이다. 우리 모두가 그렇다. 다른 사람들을 피해 숨고, 우리 자신을 피해 숨고, 하나님을 피해 숨는다. 하나님은 자신을 알리기 원하시고 항상 우리에게 자신을 계시해 주려 하시지만, 우리는 종종 그 반대다. 우리는 자꾸 숨으려 한다. 진실하게 살려면, 즉 우리의 진짜 모습으로 살려면 그 원동력을 이해해야만 한다. 그래야 우리의 진정한 자아를 숨기고 거짓으로 살지 않고 그리스도 안에서 진실하게 살 수 있다. 하나님은 자신을 알리기 원하시는데, 우리는 왜 숨으려고 하는 걸까?

우리의 진정한 본성

창세기 2-3장은 우리를 위해 그 장면을 잘 묘사해 준다. 아담과 하와는 하나님께 행복한 삶을 부여받았다. 훌륭한 삶의 터전과 직업, 행복한 결혼생활. 스트레스는 없었다. 그들이 하지 말아야 할 일은 오직 동산 중앙의 나무 열매를 먹는 것밖에 없었다. 나쁘지 않은 삶이었다. 나라면 기꺼이 그 삶을 받아들였을 것이다. 그런데 뱀이 다가와 그들을 유혹한다.

"그 열매를 먹으면 너희 눈이 열리고 너희가 하나님과 같게 될거야"(창 3:5).

우리 본성의 뿌리에는 언제나 "하나님과 같이" 되고 싶은 마음이 있다. 우리는 스스로 자신의 신이 되기 원한다. 상황을 지휘하고, 결정을 내리는 사람이 되기 원하고, 비판이나 지체 없이 우리 자신의 욕구를 따르기 원하는 것이다. 우리의 개인적인 삶의 문제들에 관해선 우리가 가장 잘 안다고 믿고 싶어 한다.

표면적으로는 괜찮게 들리지만, 이는 우리를 어떤 결말로 이끌어 가는가? 바로 창세기 3장 8절에서 아담과 하와가 처했던 그 자리로 우리를 데려간다. 하나님을 피해 덤불 뒤에 애처롭게 웅크리고 숨어있던 그 자리 말이다. 그들은 자신의 불순종이 하나님의 관계를 파괴했다는 것을 안다. 더 이상 하나님의 자녀로서 참 모습으로 자유를 누리며 살아갈 수 없었다. 대신 그들은 하나님을 피해 숨었고, 그들의 진정한 자아의 근원으로부터 단절되었다.

슬프게도 우리는 매일 주변에서 이 진리의 증거를 본다. 사람들은 스스로의 힘으로 살고 싶어 하고 거짓 정체성을 따라 살며, 항상 숨으려 한다. 모든 것을 가지고 있으면서도 항상 더 많은 것을 갖기 원한다. 우리는 결코 만족하지 않는다. 대니엘 핑크는 그의 책에서 이렇게 말한다.

> 풍요는 우리의 삶에 아름다운 것들을 가져다주었다. 하지만 그 물질적인 것들이 반드시 우리를 더 행복하게 해준 것은 아니다. 번영의 역설은 10년, 20년이 지나는 동안 생활수준은 꾸준히 높아져도 개인과 가정과 삶의 만족이 조금도 달라지지 않았다는 것이다."[1]

우리는 절대 만족할 수 없다. 그렇지 않은가?

- 버니 매도프는 정교한 다단계 금융사기를 저질러 고객들의 돈을 훔치면서, 가장 친한 동료들에게도 그 계략을 숨겼다. 그러나 결국 그가 숨은 곳을 찾아냈다.
- 사우스캐롤라이나 주지사이자 독실한 그리스도인으로 유명했던 마크 샌포드는 아르헨티나의 한 여자와 밀회를 즐겼다. 그는 이 사실을 아내와 유권자들에게 숨겼다. 그러나 결국 그가 숨은 곳을 찾아냈다.
- 엘리어트 스피처는 뉴욕 주지사로 있는 동안 성매매업소에 드나드는 사실을 숨겼다. 그러나 결국 그가 숨은 곳을 찾아냈다.

우리는 이 사람들에게 손가락질을 한다. 마치 우리는 그들보다 나은 사람들인 것처럼. 하지만 슬프게도 현실은 그렇지 않다. 우리는 모두 감추는 것이 있다. 누구나 자신의 삶 속에서 예수 그리스도의 주인 되심을 거부하고 우리 자신의 목적을 추구하려는 인간 본성을 가지고 있다. 그리고 그렇게 행하곤 수치심을 느끼며 사실을 부정한다. 수치심과 부정은 스스로의 목적을 감추거나 더 강하게 추구하게 만든다. 언젠가는 그것들이 만족을 주기를 간절히 바라면서 말이다. 그러나 궁극적으로 그것들은 만족을 주지 못한다.

우리는 하나님이 그의 율법에서 정해 주신 기준을 지킬 수 없고, 세상의 원칙들에도 완벽하지 못하다. 물론 우리 자신이 근본적으로 선하며 그 모든 것이 잘될 거라고 주장할 수는 있다. 그러나 그것은 잘못된 기준을 적용하는 것이다. 우리가 하나님의 영원한 왕국에 들어갈 준비가 되어 있는지를 결정하는 기준은 다른 사람들에 비해 우리가 어떠한가에 있지 않고 오직 하나님의 거룩함에 있다. 하나님은 "내가 거룩하니 너희도 거룩할지어다"(벧전 1:16)라고 말씀하셨다.

우리는 다른 사람들에 비해 그래도 우리가 좀 낫고 괜찮다 생각하고 싶어 한다. 다른 이를 이용해 하나님 앞에서 우리의 의로움을 내세우는 것은 잘못된 기준이다. 우리는 저마다 스스로 신이 되고자 하는 본성을 가지고 있고, 그 결과 살아계신 하나님을 피해 숨으려 한다. 우리 각 사람은 하나님의 거룩함에 미치지 못한다. 그래서 구세주가 필요하고 해결책이 필요한 것이다. 당신은 그 진리를 부인할 수 있으나, 결국 바로 이 자리로 돌아오게 될 것이다. 우리는 항상 숨을 것이나 우리의 은신처는 항상 발각될 것이다.

두려움과의 싸움

우리가 숨는 이유가 또 하나 있다. 바로 두려움이다. 우리는 실수하고 잘못된 선택들을 하지만, 다른 사람들이 이를 모르게 하려 열심히 애를 쓴다. 왜 그런가? 사람들이 정말로 우리가 누구인지를 알면 우리를 좋아하지 않을 것 같아 두렵기 때문이다. 그래서 우리는 진정한 자신과 문제들을 숨기고 보정된 모습을 보이려 한다.

한 아침 방송의 여성 진행자들이 메이크업을 하지 않은 채 방송을 진행하는 과감한 실험을 하기로 했다. 그들은 있는 그대로의 모습으로 방송을 시작했다. 그것은 혁명적이었다. 그것은 참된 아름다움의 미덕을 극찬하며 각종 매체들을 뜨겁게 달구었다. 나도 그것을 봤는데, 솔직히 충격적이었다. 나 역시도 진행자들의 화장한 모습에 익숙해져서 꾸미지 않은 모습이 굉장히 다르게 보였다.

우리는 모두 진정한 자신의 실제 모습을 감추고 바깥 세상에 보여주는 얼굴이 있다. 그래서 사람들이 우리의 진짜 모습을 알면 우리를 거부할 거라는 깊은 두려움이 있다.

존 파월은 그의 훌륭한 책에서 이런 말을 했다.

당신에게 내가 누구인지 말하기 두려운 이유는, 내가 누구인지 밝히면 당신이 나를 좋아하지 않을 거고 그게 나의 전부이기 때문이다.[2]

우리 모두 이를 알고 있지 않은가? 나는 안다. 물론 나는 목회자다. 물론 나는 하나님을 사랑한다. 하지만 나도 숨을 때가 많고, 당신이 나의 진짜 모습을 알면 나를 좋아하지 않을 것 같아 두렵다. 그래서 주일 아침마다 하나님께서 나를 설교자로 부르시는 것을 알면서도, 마음 한구석에는 사람들이 나를 좋아하도록 잘해야 한다는 부담감이 있다. 나는 사람들이 나를 괜찮은 사람으로 생각해 주길 바란다. 그들이 나를 포용해 주었으면 좋겠다. 나는 인간이고, 사랑받고 싶다. 그래서 나의 어두운 면을 숨기고 당신이 좋아할 만한 이미지를 만들어내려고 애를 쓴다. 그것은 나의 인간적 본성의 한 부분이다. 즉 내가 뒤에 감추고 싶은 거짓 정체성 대신 나의 진정한 정체성을 따라 살려면 반드시 이해해야 할 본성이다.

우리를 찾으시는 분

그러나 다행히도 이것은 끝이 아니다. 숨는 것은 우리의 본성이지만, 복음의 소망은 우리에게 추적자가 있고 그가 우리가 숨은 곳을 발견하기 위해 할 수 있는 모든 일을 다 하고 계신다는 것에 있다. 이는 우리를 그의 따뜻한 빛으로 들어오게 하기 위함이다. 내가 창세기 3장 9절 말씀을 성경에서 가장 희망적이고 감격적인 구절이라고 생각하는 이유가 바로 그것이다. 그것은 나 자신과 하나님에 대해 정말 많은 것을 말해 준다. 아담과 하와는 숨어 있고 하나님은 단순한 질문을 하신다.

"네가 어디 있느냐?"

하나님은 그들을 찾고 계시며, 또 우리를 찾고 계신다. 아담과 하와가 하나님을 피해 숨으려 할 때도 하나님은 이미 알고 계신다. 하나님은 그러한 결정의 결과를 그들에게 말씀해 주셨다. 그것은 바로 죽음이다. 그러나 우리가 발견하는 모습은 동산을 급습해 "내가 너희를 죽이겠다"고 소리치시는 하나님이 아니다. 우리가 발견하는 것은 궁극적으로 그들과 하나님의 관계를 염려하시는 은혜와 긍휼의 하나님이시다. 하나님이 그들을 찾으시는 것은 그들을 사랑하시기 때문이다.

나는 내가 사랑받고 있다는 걸 알기 원한다. 내가 길을 잃었을 때 누군가 나를 염려하여 찾으러 와주기 원한다. 내가 숨어 있을 때 누군가 내가 사라진 것을 알고 찾아 나설 만큼 내게 관심을 가져 주길 원한다. 그것이 바로 하나님이 하시는 일이다. 그리스도 안에서 나타난 우리를 향한 하나님의 사랑 안에서, 또 그 사랑을 통해, 하나님은 은혜로 우리를 우리의 수치심과 어둠에서, 숨어 있는 곳에서 끌어내시며 우리가 간절히 듣기 원하는 그 말씀을 들려주신다. 즉 그가 우리의 모든 것을 아시나 여전히 우리를 사랑하신다는 것이다.

바울은 로마서 5장 8절에서 말한다.

"우리가 아직 죄인 되었을 때에 그리스도께서 우리를 위하여 죽으심으로 하나님께서 우리에 대한 자기의 사랑을 확증하셨느니라"

우리가 아직 어둠 속에 있을 때, 아직 숨어 있을 때, 그리스도께서 우리를 위해 죽으셨고 그것으로 하나님의 사랑을 가장 잘 나타내 주었다. 하나님의 사랑은 제일 먼저 우리를 어둠에서 건지신다. 그리고 우리는 하나님의 자녀로서 진정한 정체성을 드러내는 삶을 살아가기 시작한다. 물론 우리는 우리가 생각했던 것보다 더 깊이 죄에 물들고 어두워졌다.

그러나 그렇기 때문에 늘 겸손하고 다른 사람들을 더 이해할 수 있다. 우리는 그들에게도 우리와 같은 은혜와 구속이 필요하다는 것을 안다. 그러나 그와 더불어, 우리가 감히 바랐던 것보다 더 하나님께 귀히 여김을 받고 사랑받고 있다는 것을 알게 된다.

하나님은 나의 진짜 모습을 아시고도 나를 사랑하신다. 또 나를 사랑하실 뿐만 아니라 기꺼이 나를 위해 그의 생명을 희생하신다. 그 진리가 내 마음과 영혼 속에 스며들 때 놀라운 변화가 일어나기 시작한다. 나는 하나님이 무슨 생각을 하시는지 알기 때문에 다른 사람들이 나를 어떻게 생각할지 걱정하지 않는다. 거짓 정체성을 만들어내는 것에 대한 걱정이 줄어든다. 대신 하나님 안에서 발견한 나의 진정한 정체성을 따라 살며 하나님의 사랑을 영화롭게 하려 한다. 내게 필요한 것을 얻기 위해서 다른 사람들을 조종할 필요가 없다. 그리스도 안에서 하나님께 영원하고 은혜로운 사랑을 받았기 때문에 내게 필요한 것을 다 가지고 있다. 무슨 말인지 알겠는가?

내가 영원히 잊지 못할 날이 있다. 조직 신학을 가르치시던 조지 하이어 교수님께서 수업이 끝난 후 나를 불러 이렇게 말씀하셨다.

"데이비드, 이번 학기에 내 조교로 일할 생각 있나?"

나는 너무 놀라 말을 할 수가 없었다. 당시 나는 성적이 뛰어나지도 않았고, 목회 사역이 정말 나의 소명인지에 대한 확신도 없었다. 그런데 이 훌륭한 교수님이 내게 함께 일하자고 하신 것이다. 나는 생각했다.

'어쩌면 이 분이 내 안에서 내가 보지 못하는 무언가를 보셨을 거야. 교수님은 똑똑한 분이셔. 그분이 내가 그 일을 할 수 있다고 생각하신다면, 아마 난 할 수 있을 거야!'

나는 그러겠다고 했고, 그 경험은 내 삶을 변화시켰다. 사실 나는 그러한 자질을 가지고 있었다. 다만 이미 존재하고 있는 것을 내게 보여줄 누군가가 필요했던 것이다. 우리가 하나님께 가까이 갈 때 바로 그런 일이 일어난다. 하나님은 우리에게 이미 존재하고 있는 것을 보여주신다.

우리를 향한 그의 사랑을 깨달을수록 그의 자녀로서 우리의 진정한 정체성에 대해 더욱더 알아갈 수 있다. 내적 갈등과 우리의 선택과 결정에 대한 죄책감도 줄어들 것이다. 우리는 자신이 누구인지 안다. 우리 자신을 좋아하며, 그 모습으로 살아간다. 그것은 강력하지만 점진적으로 일어난다. 그것이 사는 동안 완벽하게는 이루어질 수 없을지 몰라도, 당신이 점점 더 하나님을 닮은 모습으로 변화되는 과정에서 큰 기쁨을 발견할 수 있다.

이상한 취향

그러나 우리는 여전히 숨으려 하는 내면과 싸우고 있다. 하나님을 사랑하지만 마음속에 하나님의 빛이 필요한 어두운 곳들이 있다. 하나님이 애굽에서 노예 생활을 하던 이스라엘 백성을 이끌어내셨을 때 무슨 일이 벌어졌는지 기억해보라.

"우리가 애굽 땅에서 고기 가마 곁에 앉아 있던 때와 떡을 배불리 먹던 때에 여호와의 손에 죽었더라면 좋았을 것을 너희가 이 광야로 우리를 인도해 내어 이 온 회중이 주려 죽게 하는도다" (출 16:3)

하나님께서 그의 성령으로 우리 안에서 행하시는데도, 우리의 본성 안에는 이렇게 노예 생활을 바라는 이상한 취향이 있다. 하나님이 우리를 앞으로 인도하기 원하신다는 것을 알지만, 우리 안에 무언가가 숨어 사는 노예 생활에 머물러 있어야 한다고 말한다.

바울은 갈라디아서 4장 8-9절에서 이와 같은 사상에 대해 말한다.

"그러나 너희가 그때에는 하나님을 알지 못하여 본질상 하나님이 아닌 자들에게 종노릇하였더니 이제는 너희가 하나님을 알 뿐 아니라 더욱이 하나님이 아신 바 되었거늘 어찌하여 다시 약하고 천박한 초등학문으로 돌아가서 다시 그들에게 종노릇하려 하느냐?"

본질적으로 그는 갈라디아의 그리스도인들에게 이렇게 묻고 있다.

"너희가 하나님이 하신 일을 안다면, 너희가 사랑받고 있다는 걸 안다면, 어찌 그 안에 들어가 살지 않느냐? 왜 계속 예전 모습대로 살려고 하느냐?"

내가 섬기는 사람들, 참으로 그리스도를 믿는 사람들 가운데서 그런 모습을 자주 본다. 그들은 하나님이 자신을 사랑하신다는 것을 안다. 그렇지만 그들은 인간이기에 천성적으로 변화를 싫어한다. 미지의 것을 좋아하지 않는다. 하나님은 그리스도 안에 있는 우리의 정체성 안에 너무나 멋진 삶을 제공해주시지만, 우리는 노예의 삶을 택한다. 단지 그것이 우리가 아는 것이라는 이유로……. 우리는 하나님의 자녀로 산다는 것이 어떤 것인지는 몰라도 노예의 삶은 알고 있기 때문이다. C. S. 루이스는 그의 책에서 이렇게 말한다.

> 우리는 무한한 기쁨이 우리에게 주어지는데도 술과 섹스와 야망으로 빈둥거리는 냉담한 피조물들이다. 마치 바닷가에서 휴가를 보내는 것이 어떤 것인지 상상할 수 없어서 빈민가에서 진흙파이 만들기를 계속하고 싶어 하는 무지한 어린아이 같다.[3]

정말 어리석은 일 아닌가? 우리를 노예로 만드는, 공허한 세상의 원칙에 사로잡힌 옛 정체성이 아니라 그리스도를 통해 만들어진 새로운 정체성 안에서 살아야 한다. 그리스도 안에서 우리에게 주어진 것이 무엇인지를 스스로 상기해야 한다. 무엇과도 비할 수 없는 선물이 우리에게 주어졌다. 만일 우리가 노예로 살아가느라 그리스도 안에 있는 우리의 새 정체성을 향해 나아갈 용기가 없다면, 그것이 우리의 삶에 대한 하나님의 목적을 방해할 것이다.

하나님이 당신을 창조하신 데는 이유가 있다. 하나님은 당신의 개인적인 삶보다 훨씬 더 큰 하나님 나라의 목적을 이루기 위해 당신을 하나님께 이끄셨다. 당신의 삶은 하나님의 장엄한 계획과 비전에 사로잡혀 있으나, 만일 당신이 여전히 노예로 머물러 있다면 결코 하나님이 당신을 위해 예비하신 미래로 들어갈 수 없을 것이다.

브레넌 매닝은 그의 책에서 이런 성향에 대해 이렇게 말했다.

우리는 스스로를 무가치한 종으로 판단하며, 그 판단은 자기 완성적 예언이 된다. 자신이 너무 보잘것없어, 진흙과 침만으로 기적을 일으키실 수 있는 하나님께도 쓰임받을 수 없다고 여긴다. 그렇게 해서 우리의 잘못된 겸손이 전능하신 하나님께 족쇄를 채우는 것이다.[4]

우리가 하나님의 사랑과 목적을 받아들이지 못하는 것은 전능하신 하나님께 족쇄를 채우는 잘못된 사상이다! 스스로 한탄하는 말을 하지 마라. 당신은 하나님의 자녀다. 당신은 왕의 왕, 주의 주께 속한 사람이다. 세상의 잘못된 판단과 자기 비하에 휘둘리지 마라. 진정한 당신 자신이 되라. 하나님의 자녀, 그리스도의 제자, 하나님의 도구와 그릇이 되자. 그것이 어떤 의미일지 감이 오지 않고 두려울지 모르지만, 그것이 우리에게 가장 가치 있고 기쁘고 만족스러운 삶이다.

나는 더 이상 노예로 사는 걸 원치 않는다. 그 삶을 살아 봤지만, 그곳은 춥고 어둡고 외롭다. 당신이 몸을 숨긴 곳에서 나오라. 하나님은 은혜로 당신을 찾고 계신다. 그의 사랑이 삶에 스며들기 바란다. 그것이 바로 진정한 당신의 모습이다. 지금 하나님께 이 진리로 당신의 마음을 비추어 달라고 간구하라. 하나님이 그리스도 안에서 창조하신 당신 본연의 모습을 새겨 달라고 간구하라. 하나님의 자녀로서 당신의 진정한 자아를 보여 달라고 기도하라.

그런 다음 존 베일리가 드린 기도의 한 부분을 읽어 보라. 읽고 나서 당신의 마음을 담아 그 기도를 드리라.

영원하신 하나님, 오늘 제가 하나님의 실재와 능력을 분명히 확신하게 해주소서.

제 마음을 어지럽히는 주를 향한 갈망을 누그러뜨리거나 파괴하려 하지 않겠습니다.

오히려 그 제약에 굴복하고 그것이 인도하는 곳으로 가겠습니다.

그러한 비전과 함께 따라올 제 삶의 모든 변화에 직면할 용기를 제게 주옵소서.

구주 그리스도의 은혜로 말입니다. 아멘.[5]

2부

하나님, 나는 누구입니까?

리사 링은 오프라 윈프리 채널에서 "동성애자를 없애기 위한 기도"라는 방송을 진행했다. 그것은 자신을 동성애자로 인식하는 사람들이 그들의 복음주의 기독교 신앙을 어떻게 이해하는지를 조사하는 내용이었다. 그녀는 방송 마지막에 이런 질문을 던졌다.

"이성애자로 살려고 애쓰는 그들은 실제로 하나님의 뜻에 순종하고 있는 걸까요, 아니면 실제 자신의 존재를 부인하며 살고 있는 걸까요?"[1]

그 질문을 듣는 순간, 머릿속에 경종이 울렸다. 그 질문은 우리의 하나님에 대한 이해와 우리 자신에 대한 이해를 분리하려는 시도였다. 우리가 정체성 문제로 헤매는 것은 바로 그 둘을 분리하려 해왔기 때문이다.

하나님은 예수 그리스도 안에서, 또 그를 통해서 우리에게 자신을 계시하기로 하셨다. 따라서 우리가 하나님의 본성과 인격을 어떻게 이해하느냐에 따라 우리의 안정감, 자아 존중감, 미래를 바라보는 시각, 우리가 처한 상황들에 대한 관점, 직업 안에서의 목적, 재정에 대한 만족, 고난 속에서의 인내, 배신이나 거절당했을 때의 자존감이 형성될 것이다. 하나님에 대한 믿음이 삶의 모든 차원에 영향을 미치는 것이다.

더 나아가, 스트레스의 원인도 하나님을 제대로 신뢰하지 않는 데서 찾을 수 있다. 예를 들어, 하나님의 공급하심을 믿는다고 말하면서, 재정에 대해 계속 염려하는 것은 실제로 우리가 그것을 믿지 않는다는 뜻일 수 있다. 나는 주식시장의 실적을 항상 초조하게 지켜보고 있는 경영주들, 투자자들과 이야기를 나눠 보았다.

"이 상황에서 하나님이 당신을 위해 공급해주시는 것을 어떻게 기대하고 계십니까?"

어떤 사람들은 하나님의 공급하심을 믿었지만 대부분의 사람들은 그렇지 않았다. 그리고 그 믿음은 그들의 행동으로 나타났다. 만일 우리가 어떤 특정한 진리를 믿지 않는다는 걸 알게 된다면, 믿지 않는 이유를 찾아내야 하며 그와 관련된 하나님의 말씀을 다시 살펴보아야 한다. 디모데전서 6장 17절은 사람들이 "모든 것을 후히 주사 누리게 하시는 하나님께" 소망을 두어야 한다고 말한다. 그런 구절들을 찾아보는 것은 우리의 신앙을 견고하게 하는 데 도움이 된다. 우리는 하나님에 대한 이해와 우리 자신에 대한 이해를 따로 떼어서 생각할 수 없다. 하나님에 대한 믿음이 우리의 모든 것에 영향을 끼치기 때문이다.

두 사람이 한 사람보다 나음은
…… 혹시 그들이 넘어지면 하나가 그 동무를 붙들어 일으키려니와 (전 4:9–10)

철이 철을 날카롭게 하는 것같이
사람이 그의 친구의 얼굴을 빛나게 하느니라 (잠 27:17)

내 삶이 공허한 이유는 무엇일까?

하나님은 어떻게 우리로 하여금 충만한 삶을 누리게 하시는가?

그는 연단에 올랐다. 양손 주먹을 꽉 움켜쥐고 고개를 드니 수많은 사람이 눈물을 흘리며 그에게 박수를 보내고 있었다. 북동부 지역에서 태어난 윌리엄 앤드류스는 키가 2m 5cm까지 자랐다. 그는 재능 있는 농구 선수로 매사추세츠 대학교에 장학생으로 들어갔다. 그러나 얼마 후 부상이 찾아왔고 경기 출전과 연습을 할 수 없게 되었다. 그는 공허함을 채우려 술과 마약에 손을 댔다. 학교를 마치고 취직을 해서도 계속 약물을 남용했다. 중독이 심해지자, 그는 실직을 하고 말았으며 가정까지 잃었다. 그는 길에서 노숙자 생활을 했다. 점점 길거리의 삶에 익숙해졌고 계속해서 추락해갔다.

그렇게 15년이 지난 후, 그에게 운명의 아침이 찾아왔다. 여느 때처럼 그는 마리화나를 사서 공중화장실에 들어갔는데, 실수로 그만 마리화나를 바닥에 떨어뜨렸다. 그것을 주우려 바닥에 무릎을 꿇고 앉았을 때, 그는 삶의 오물을 들여다보고 있는 자신을 발견했다. 냄새가 진동하는 바닥에는 온갖 쓰레기, 콘돔, 주사 바늘, 병들이 뒤엉켜 있었다. 토사물 더미 위에서 마리화나를 주워 불을 붙이려던 그는 바닥을 힘껏 내리쳤다. 그의 삶, 그의 마음, 그의 영혼의 깊은 공허로 그는 마치 그 자리에서 증발해버릴 것 같았다. 그에게는 아무것도 남은 것이 없었다.

그는 다시 시작하기로 결심했다. 주일 아침 6시에 제일장로교회에서 열리는 노숙자들을 위한 아침식사와 예배를 기억해냈다. 그곳에 가자, 한 사역자가 손을 내밀어 그를 환영하고 예수 그리스도의 복음을 전해주었다. 그는 변화되었다. 마약을 끊고 자신의 삶을 재정비했으며, 몇 달에 걸쳐 사역을 위한 공부를 시작했다. 5년 후, 그는 올랜도에서 가장 가난한 동네의 한 교회를 섬기는 사역자가 되었다.

2004년 가을 내가 제일장로교회 목사가 된 후 그는 나를 만나러 왔다. 문을 여는 순간 2m 5cm의 흑인이 환하게 웃는 얼굴로 내 앞에 서 있는 걸 보고 깜짝 놀랐다. 우리는 친구가 되었다. 우리 교회들은 특별한 관계를 맺었다. 그리고 어느 주일날 나는 윌리엄을 초청해 우리 교회 강단에서 설교를 부탁했다. 그 강단에서는 그가 오랜 세월 동안 수많은 밤을 보냈던 바로 그 길거리가 보였다. 그는 눈물을 닦으며 말했다.

"저는 축복받은 사람입니다. 저는 축복받은 사람입니다."

그가 살아온 길을 아는 우리 교인들은 박수갈채를 보냈다. 우리가 본 것은 공허한 마음속으로 생수의 강이 흘러들어온 한 사람의 기쁨이었다. 그 생수의 강은 그를 환영해주고, 사랑해주고, 격려해주고, 그를 위해 기도해주고, 그 안에 있는 은사를 인정해주고, 그를 교육시켜주고, 사역을 하게 해준 그리스도의 몸에서 나온 것이었다. 윌리엄은 요한복음 10장 10절에 약속된 풍성하고 충만한 생명으로 들어갔다.

"내가 온 것은 양으로 생명을 얻게 하고 더 풍성히 얻게 하려는 것이라"

채우려는 노력

하나님의 은혜로, 2m 5cm의 윌리엄은 그리스도와 기독교 공동체 안에서 희망을 발견했다. 그는 공동체로부터 의미 있게 사는 법을 배웠다. 그러나 그렇게 운이 좋지 못한 사람들도 많다. 수많은 그룹과 장소, 사람들과 관계를 맺지만 그 무엇도 그 공허를 채워 주지 못하는 것이다.

C. S. 루이스는 이 빈 공간을 이렇게 묘사한다.

이 세상에서 우리가 이방인으로 취급받고 있다는 느낌, 인정받고 싶고, 어떤 응답을 받고 싶고, 우리와 현실 사이의 벌어진 틈을 메우고 싶은 열망은 우리의 슬픈 비밀의 일부분이다…… 우리의 일생의 향수, 우주에서 지금은 우리와 단절된 것처럼 느껴지는 어떤 것과 연합하고픈 갈망, 늘 밖에서만 보아 왔던 문의 안쪽에 있고 싶은 갈망은 단순히 신경증적인 환상이 아니라, 우리의 실제 상황을 가장 진실하게 나타내는 지수이다.[1]

우리의 공허는 집으로 돌아가고 싶고, 본래 우리가 살도록 계획된 곳을 찾고 싶은 갈망에서 비롯된다. 그곳은 바로 하나님의 마음이다. 예수 그리스도 안에서 그 공허가 채워질 때까지 우리는 늘 방황할 것이다. 우리는 단절감을 느낀다. 그리고 그런 감정들은 우리의 실제 상황을 가장 잘 나타내는 지표이다. 우리는 공허를 원치 않는다. 그 질문에 대한 답을 알기 원한다. 우리가 진정 누구인지 알기 원하지만, 그 문제를 풀 수 없었기 때문에 끊임없는 공허와 어떤 것으로부터 단절된 듯한 불안감, 이 광대한 우주에서 우리가 어디에도 속해 있지 않다는 느낌이 드는 것이다.

거기에는 이유가 있다. 하나님은 우리를 관계에 대한 열망을 가진 존재로 만드셨다. 관계에 대한 갈망이 우리를 하나님께로 이끌기 때문이다. 따라서 우리가 계속 가짜 관계들을 받아들이면서 홀로 고립되어 있으면, 그 깊은 열망과 비밀의 답을 절대로 알아내지 못할 것이다. 관계적 존재로서 우리의 진정한 정체성을 이해하지 못하기 때문에 우리의 진짜 자아를 따라 살지 못할 것이다.

루이스가 묘사하는 열망은 우연이 아니다. 이것을 이해하려면 하나님의 본성을 이해해야 한다. 앞서 말했듯, 우리가 스스로를 알려면 먼저 하나님을 알아야 한다. 그러므로 이 진리의 근원을 설명해 보겠다. 그는 성부, 성자, 성령, 세 분 안에 있는 한 하나님으로서 자신을 우리에게 계시하신다. 독일 신학자 칼 바르트는 이렇게 말한다.

> 하나님은 관계를 추구하시며 찾으시는 분이다. 하나님은 하나님 자신이시며, 따라서 그 자신 외의 모든 것들과 관계를 맺으시고 그것은 모든 관계의 기초이자 원형이다.[2]

창세기 1장에 이 진리를 잠깐 보여주는 훌륭한 본문이 있다. 하나님은 세상을 창조하시면서 이렇게 말씀하셨다.

"우리의 형상을 따라 우리의 모양대로 우리가 사람을 만들자"(창 1:26).

하나님이 누구에게 말씀하시는 것인가? 주위에 아무도 없으나 하나님은 "우리가…… 하자"라고 말씀하신다. 그것이 삼위일체 하나님의 첫 번째 계시이다. 하나님은 성부, 성자, 성령으로서 그 자신 안에서 관계를 맺고 계신다. 우리의 유한한 머리로는 이해하기 힘들지만 그것은 사실이다. 하나님은 그의 본성 안에서 관계적인 존재이시다. 우리는 그의 형상대로 창조되었기에, 우리 역시 관계적인 존재이다.

세상의 기초를 세울 때부터 하나님은 "나는 너희가 나를 닮기를 원한다. 너희가 나의 본성과 나와의 궁극적인 관계를 나타내는 자로서 서로 관계 맺기를 원한다"고 말씀하셨다. 우리가 갖는 모든 인간관계는 아름다운 영원 세계에서 완성될 하나님과 우리의 완전한 관계를 대신하고 있는 것뿐이다. 전자는 후자를 어렴풋이 맛보는 것이다.

그러므로 궁극적으로 영원 세계에서 우리와 하나님의 관계가 완성될 때까지 우리는 서로 관계를 맺으며 산다. 하나님은 우리에게 함께 있으라 명령하신다. 바울은 고린도전서 12장 13절에서 그것을 잘 묘사한다.

"우리가 유대인이나 헬라인이나 종이나 자유인이나 다 한 성령으로 세례를 받아 한 몸이 되었고 또 다 한 성령을 마시게 하셨느니라"

우리가 그리스도를 통해 하나님을 알게 될 때 그는 즉시 우리를 한 몸 안에 두신다. 사실상 그는 이렇게 말씀하신다.

"너는 내 가족의 일원이다. 너와 다른 많은 형제, 자매들이 한 가족이다. 그들이 어떤 사람이든, 어디서 왔든지, 너는 나를 통해 그들과 하나가 되었으니 서로 관계를 맺어야 한다."

그 사실이 2m 5cm 윌리엄의 삶을 변화시켰다. 그는 그리스도를 발견했을 뿐만 아니라 그리스도에 의해 본래의 목적대로 기능하는 한 몸 안에 들어가게 되었다. 이것은 성경에 여러 번 반복해서 나온다. 하나님은 결코 우리를 고립되게 하지 않으시며 항상 공동체 안으로 부르신다. 사도행전 2장은 초대 교회가 성장하기 시작할 때의 모습을 통해 이 사실을 잘 보여주고 있다. 하나님은 그리스도 안에서 그의 구원의 은혜를 보여주시고 나서 우리에게 홀로 있으라고 말씀하지 않으신다. 하나님은 가서 관계 속에서 살라고 하신다. 그 관계들이 하나님께 기초를 두고 있다면, 우리와 하나님의 관계가 영원히 완성될 때까지 우리의 삶을 지탱해 주는 힘이 되기 때문이다.

우리는 서로가 필요하다. 나는 열왕기상 19장 7절 말씀을 좋아한다. 엘리야가 목숨을 구하기 위해 이세벨에게 달아날 때 있었던 일이다. 그는 패배했고, 혼자였으며, 낙담해 있었다. 하나님께 자신의 생명을 거두어 달라고 요청하기까지 했다. 그러나 한 천사가 나타나 말했다.

"일어나 먹으라 네가 갈 길을 다 가지 못할까 하노라"

엘리야는 그때 혼자 힘으로 이겨내려 했으나 하나님은 말씀하신다.

"보아라. 삶의 여정은 혼자서 감당하기에 너무 버겁단다."

정말 그렇다. 삶은 힘들다. 매우 어렵고 고통스럽다. 이것을 아시고 하나님은 우리를 함께 살아가도록 만드셨다 하나님은 우리를 더 큰 공동체의 일부가 되도록 만드셨고, 그 공동체 안에서 우리는 그리스도와의 관계를 통해 다른 사람들과 관계를 맺을 수 있다.

단순해 보이지만, 그것은 매우 어려운 일이다. 우리는 늘 독립적이고, 강해져야 한다고 가르침을 받는다. 다른 사람을 필요로 한다는 것은 곧 나약함의 표시라고 가르침을 받는다. '나는 나의 필요를 채워 주고 나 자신을 행복하게 해주기 위해 존재한다' 는 거짓된 메시지가 계속해서 들린다. 우리는 필사적으로 자신에게 말한다.

"나는 강한 사람이야. 난 혼자 감당할 수 있어. 누구도 필요치 않아."

잠깐 동안은 그 말이 맞다 착각할 수 있다. 그러나 결국 우리는 혼자서 살아갈 수 없다는 걸 알게 될 것이다. 관계적 존재인 우리의 진정한 정체성을 발견할 것이다. 우리는 그렇게 가르침을 받지 않았다. 그러므로 하나님과, 또 다른 사람들과 관계 맺는 법을 배워야만 한다.

교회의 아름다움

내가 교회를 사랑하는 것은 바로 이런 이유 때문이다. 예수 그리스도의 교회는 하나님의 가족이 모이는 세상의 공동체이다. 전 세계의 각 교회에서 하나님은 우리에게 함께 살아갈 특권을 주신다. 예수 그리스도는 성육신하신 하나님이시다. 성령님의 임재를 통해 교회는 계속되는 성육신의 증거가 된다. 교회는 세상에 예수님을 나타낸다. 교회는 그리스도의 몸으로 불린다(엡 5:29-30). 우리는 세상에서의 예수님의 살아있는 몸이다. 이제 그것이 의미하는 바를 알아보자.

바울은 고린도전서 12장에서 교회가 한 "몸"이라고 말했다. 몸은 하나의 독립체이며, 신앙을 고백하는 사람은 모두 그 몸의 일부이다. 우리는 따로 떨어져 있지 않고 함께 결합해 있다. 여기에 좋은 소식이 있다. 하나님이 교회를 지상에 있는 그의 몸으로, 그의 지상 공동체로 만드셨고 우리는 모두 그 몸의 일부라는 것이다. 당신은 밖에 있지 않고 그 몸 안에 있다. 당신은 배제되지 않았다.

하나님은 결코 우리가 따로 살아가는 걸 원치 않으신다. 우리는 언제나 그의 일부분이며, 그 안에서 우리가 맡은 역할은 매우 중요하다. 우리에게 성부, 성자, 성령으로 계시된 하나님은 관계적 존재이시다. 즉, 세 분 안에 계신 한 하나님이시다. 따라서 그의 지상의 몸인 우리도 서로 연결된 하나의 개체 일부분이다.

이것은 그 공동체가 완벽하게, 또는 순수하게 제 기능을 다할 거라는 의미가 아니다. 종종 우리는 이런 말을 듣는다.

"사람들만 아니면 교회는 아주 훌륭한 곳일 텐데."

그렇다. 우리는 단지 사람일 뿐이다. 그것도 악하고, 타락하고, 연약한 사람이다. 이것이 우리가 교회 안에 있는 이유이다. 때문에 우리에겐 구세주가 필요하다. 제럴드 시처는 그의 책을 통해 이렇게 말한다.

> 교회가 충분히 제 역할을 다할 때 세상에서 교회의 경쟁 상대가 될 만한 공동체는 없다. 그러나 교회가 최악의 상태일 땐 세상에서 그토록 해로운 공동체도 없다.[3]

맞는 말이다. 교회는 분명 모든 것을 망쳐놓을 수 있다. 교회의 일부인 우리는 결코 완벽할 수 없다. 그러나 교회는 절대 실수를 하지 않거나 우리를 실망시키지 않을 거라는 잘못된 생각이 우리 안에 있다. 우리가 완벽하지 않다는 걸 알면서 어떻게 그럴 수 있는가? 완벽을 기대한다면 당신은 언제나 교회에 실망할 것이다. 언제나 낙담하게 될 것이다.

그러나 당신이 교회를 거룩하게 창조된 그리스도의 몸으로, 부족하지만 주의 성령이 충만한 곳으로 이해한다면, 모든 것을 다른 시각으로 보게 될 것이다. 주의 신부인 교회와 하나가 되는 신비와 아름다움을 보게 될 것이다. 바울은 이렇게 말한다.

"그리스도께서 교회를 사랑하시고 그 교회를 위하여 자신을 주심같이…… 자기 앞에 영광스러운 교회로 세우사 티나 주름 잡힌 것이나 이런 것들이 없이 거룩하고 흠이 없게 하려 하심이라"(엡 5:25, 27)

이것이 교회를 향한 하나님의 비전이다. 우리가 바로 그 공동체의 일원으로 부르심을 받았으며, 이제 그 비전을 되찾아야 한다. 가끔 제도적 교회에 관한 사람들의 이야기를 들으면 마음이 아프다. 사람들은 현재 일어나고 있는 일, 즉 신학적 논란, 도덕적 실패, 의심스러운 지출, 관료주의적 절차 등을 보고 이렇게 말한다.

"저는 교회의 일원이 되고 싶지 않습니다. 제 식대로 하겠습니다. 저는 신자이지만, 제도적인 교회에는 속하고 싶지 않습니다."

이것은 완전히 모순이다. 그 과정에서 자기 스스로를 고립시키고 있기 때문이다. 그것은 팔꿈치가 이렇게 말하는 것과 같다.

"이 몸은 심장과 폐가 너무 안 좋고, 허리에 군살이 너무 많아. 그러니 나 혼자 떨어져 있을래."

그래봐야 무슨 소용이 있는가? 몸에서 떨어진 팔꿈치는 아무짝에도 쓸모가 없다. 교회는 하나님의 지상의 몸, 지상 공동체가 되어야 한다. 교회가 어떤 잘못을 했든, 혹은 어떤 문제들을 야기했든 간에, 우리는 교회의 일원이며 교회와 깊이 연합해야 한다. 그래야만 우리가 세상에 하나님의 사랑과 은혜와 선하심을 나타낼 것이기 때문이다. 그리스도의 교회는 사명을 수행하기 위해 제도적 특성들을 가지고 일해야 하지만, 그러한 특성들에 의해 규정되지 않는다. 교회는 하나님이 교회로 만드셨다. 즉 거룩하게 창조된 하나님의 신부이며, 하나님이 교회를 위해 그의 생명을 주셨다. 우리는 그 교회와 연결되어 있다. 거기서 우리는 관계를 발견한다. 그리고 거기서 우리의 진정한 정체성을 따라 사는 법을 배운다.

스스로 다음과 같이 질문해보라.

- 나는 전에 상처받거나 힘들었던 일 때문에 교회에 나가지 않는가?
- 나는 교회가 내 마음에 들지 않는 결정을 내렸다는 이유로 공동체를 떠났는가?
- 나는 제도를 신뢰할 수 없다는 이유로 교회 공동체에서 따로 떨어져 살고 있는가?

당신이 어떤 이유로든 교회와 분리되어 있다면 다시 결합하라. 새로운 교회를 찾아가거나, 아니면 한동안 가지 않았던 교회에 가보라. 결코 완벽한 몸을 발견하지는 못할 것이다. 성경적이고 그리스도 중심적인 교회를 찾아 그곳에 열심을 쏟으라. 먼저 다가가라. 참여하라. 뿌리를 내려라. 행동하라. 그냥 앉아만 있다가 오지 마라. 봉사하라. 교회 일에 관여하라. 그럴 때 교회 공동체와 연합하게 되고, 문화적 고립에 맞서고 내적인 열망에 대응하며 관계를 형성할 수 있다. 당신에게 합당한 삶을 살기 시작한다.

공동체의 영향력

교회가 공동체를 이루는 모습은 우리뿐만 아니라 더 큰 공동체에도 영향을 끼친다. 이것은 세상을 향한 우리의 증거에 반드시 필요한 부분이다. 하나님이 우리를 함께 부르시는 이유, 우리가 세례를 받아 한 몸이 되는 이유이기도 하다. 랜디 프래지의 책은 이렇게 말한다.

개인주의 문화 속에서, 비그리스도인들이 다른 그리스도인들의 서로 사랑하는 모습을 보고 예수 그리스도께 달려가고 싶게 만드는 때가 언제인가? 교회는 기독교를 개인적인 스포츠로 만듦으로써 세상 문화를 반영한 적이 많았다.[4]

그렇지 않은가? 우리는 성경공부와 다른 사역들을 너무 많이 강조하다보니, 의도치 않게 하나님의 계획이 아닌 영적 개인주의를 키워 왔다. 우리의 신앙이 우리 자신에 관한 것이라는 사상을 받아들이기 시작했다. 하나님은 우리의 필요를 채워 주기 위해 하늘에 계신다고 생각한다. 그렇지 않다. 하나님은 그의 나라를 확장하기 위해 우리를 그의 교회의 일부가 되도록 창조하셨다. 그게 전부다. 따라서 우리가 그리스도의 몸에서 나와 공동체에서 멀어진다면 우리의 진정한 정체성을 따라 살 기회를 잃는 것이다.

앤디 스탠리는 그의 책에서 프랜시스 쉐퍼의 말을 인용한다.

우리가 서로 어떤 관계를 갖는지를 보고 세상은 우리의 메시지가 진실한가를 판단한다. 즉 기독교 공동체가 최종적 변증인 것이다.[5]

(우리가 믿는 것이 무엇인지를 변호하고 입증할 마지막 방법이다.)

나는 궁금하다. 과연 비그리스도인이 와서 당신의 교회나 우리 교회의 공동체를 보았을 때 우리 공동체가, 즉 우리가 함께하는 모습이나 서로 사랑하는 모습, 서로에 대해 말하는 것과 서로 나누고 함께 예배드리는 모습이 그 사람으로 하여금 예수 그리스도께 달려오게 할 것인가 아니면 오히려 멀어지게 할 것인가?

솔직히 말해, 서로 교제하지 않고 따로 떨어져 있는 것이 훨씬 더 쉽다.

다른 사람들에게 투자하거나 다른 사람들을 보살피거나 우리를 불편하게 하는 일을 하지 않아도 되니까 말이다. 또 감정적으로 다른 사람들과 가까워지지 않으니 상처받을 일도 없을 것이다. 관계적인 책임이 없기 때문에 우리는 특별히 변화하거나 성장할 필요가 없을 것이다.

이처럼 다른 사람들과의 관계 속에서 사는 것은 힘든 일이다. 그러나 감사하게도 우리는 성령님과 다른 신자들로부터 도움을 받을 수 있다. 하나님의 영의 능력이 우리를 내향적인 삶에서 외향적인 삶으로 나아가게 해주며, 거기서 우리는 그의 몸에 연결된다. 우리가 믿음으로 예수 그리스도를 의지할 때 성령님이 오셔서 우리 안에 사시며 인도하시고 그리스도 안에서 하나님께 속한 것들을 조명해 주신다(요 16:13-14).

그럴 때 우리는 하나님의 것들을 더욱더 원하게 되며 세상 것들을 점점 더 원하지 않게 된다. 그리스도 안에서 우리의 하나됨은 어떤 세상의 장애물이 우리를 갈라놓는 것보다 훨씬 더 강력하게 우리를 연합시킨다.

제럴드 시처는 그의 책에서 다음과 같이 말한다.

> 공동체가 더 진실하고 깊어질수록 우리 사이에 있는 다른 모든 것들은 점점 더 약해지고, 더욱더 분명하고 순수하게 예수 그리스도와 그의 역사하심만이 우리 사이에 가장 중요한 것이 된다. 우리는 오직 그리스도를 통해서 교제하지만, 그리스도를 통해 영원히 교제한다.[6]

이를 우리가 어떻게 경험할 수 있을까? 그것은 예수님의 영이 우리 각 사람 안에 사시며, 능력을 주시기 때문에 가능한 것이다. 교회가 수년 동안 온갖 잘못과 실수를 범해 왔음에도 지금까지 존재하는 이유가 뭐라고 생각하는가? 상대적으로 교육을 받지 못한 열두 명의 사람들이 어떻게 세계를 엄습한 신앙 운동을 이끌었다고 생각하는가? 그들은 도움을 받았다. 그들에겐 성령의 능력이 있었다.

우리의 또 다른 도움의 원천은 그 몸에 속한 다른 지체들이다.

"너희가 짐을 서로 지라 그리하여 그리스도의 법을 성취하라" (갈 6:2)

"철이 철을 날카롭게 하는 것같이 사람이 그의 친구의 얼굴을 빛나게 하느니라" (잠 27:17)

우리는 자주 서로의 삶에서 중요한 역할을 해야 한다. 그것이 책임이다. 하나님을 사랑하고 다른 사람들을 사랑하며 순종하고 충성하는 삶을 살아야 하는 하나님의 자녀들이다. 불행히도 우리의 죄악된 본성에서 문제가 발생한다. 우리의 본성은 하나님의 뜻보다 우리 자신의 열망을 좇는다. 따라서 자신의 죄악된 옛 본성이 아니라 그리스도 안에 있는 진정한 본성에 따라 행동하도록 붙잡아 줄 몸 안의 다른 지체들이 필요하다.

우리는 이미 너무나 잘 알고 있다. 혼자서는 처참하게 실패하고 말 것이라는 사실을. 결국 또다시 자신의 세속적이고 거짓된 자아를 따라 살게 될 것을 말이다.

그러면 어떻게 해야 할까? 우리의 일에 관심을 가지고 우리에게 어려운 질문을 던져 줄 다른 사람들이 우리의 삶 속에 있어야 한다고 믿는다.

한 가지 예를 이야기해 보겠다. 내가 속한 모임의 한 친구는, 혼자 여행을 다닐 때 음란물의 유혹에 빠지는 문제 때문에 무척 괴로워했다. 그는 이 모임에서 이 문제를 솔직하게 털어놓으며, 우리에게 도움을 부탁했다. 그래서 그 후 몇 달 동안 그가 여행을 갈 때마다 우리는 돌아가면서 한 명씩 매일 밤 그에게 전화를 걸어 어떻게 지내는지 물었다. 그가 우리에게 대답을 해야 한다는 사실과 책임을 인지함으로, 이 세상 것들을 갈망하는 죄악된 본성이 아니라 그리스도 안에 있는 진정한 본성을 따라 살 힘을 얻는 데 힘이 되었다.

그렇지만 책임은 당신이 그것을 사용하려는 의지가 있을 때에만 효과가 있다. 당신은 성경 공부나 책임 그룹에 속할 수 있으나, 당신의 진짜 문제들을 나누지 않거나 거짓말을 한다면, 그 그룹은 당신을 도와주지 못할 것이다. 당신은 전과 똑같은 섬에 있게 될 것이며, 분명 넘어질 것이다. 우리는 모두 책임질 기회가 있었으나 그것을 활용하지 않은 사람들, 개인적인 친구들과 공적인 인물들의 수많은 예들을 알고 있다. 그들은 믿을 만한 친구들에게 자신들의 유혹이나 갈등들을 드러내지 않았고, 그래서 넘어지고 말았다. 우리의 삶 속에는 책임이 있어야 하며, 그것이 주어졌을 때 잘 사용해야 한다.

당신에게 이것이 필요하니 찾으러 가라. 기도하라. 현재 당신의 삶의 관계들을 점검하라. 정기적으로 만날 수 있는 동성의 두세 사람을 찾으라. 적어도 한 달에 두 번은 만나야 한다. 신뢰와 비밀 유지에 대한 이해를 공유하는 것부터 시작하라. 그다음에 당신의 이야기를 솔직하게 털어놓으라. 당신의 현 상황을 이야기함으로써 대화를 이끌라.

당신이 직면한 문제들은 무엇인가? 당신이 씨름하고 있는 유혹들은 무엇인가? 더 깊이 하나님과 동행해야 할 필요가 있는 영역은 어디인가? 서로를 위해 기도하라. 함께 성경을 읽으라. 그 문제를 다루는 책들을 찾아서 함께 읽으라. 서로의 가족을 알아 가라. 그것에 대해 당신의 배우자에게 이야기하라. 그리고 물론, 그들을 활용하라. 필요할 때는 당신의 친구들과 맞서라. 그리고 그들이 당신을 위해 그와 같이 할 때는 하나님께 감사하라. 당신이 고립되지 않게 막고 그 길을 갈 수 있게 도와준 친구들을 주신 것에 대해서 말이다. 당신 혼자선 너무 버겁다. 그러므로 당신과 함께 그 일을 해줄 다른 사람들을 찾으라.

하나님은 본래 관계적인 분이시며, 당신을 그의 형상으로 지으셨으므로 당신도 관계적인 존재이다. 그것이 당신의 진정한 정체성이다. 당신에겐 다른 사람들이 필요하다. 그러니 당신의 고립된 삶에서 빠져나와 다른 사람들과의 관계 속으로 들어가기 위해 당신이 할 수 있는 일을 다 하라. 특히 예수 그리스도의 교회인 믿음의 공동체를 통해 그렇게 하라.

이미 한 교회에 속해 있다면, 그 관계가 더 깊어질 수 있도록 공동체를 잘 살피라. 당신의 교회를 바라볼 때 믿음이 성장하면서 세상에서 열매 맺는 사역을 하는 신자들의 연합된 몸을 보는가? 아니면 자신에 대해 더 좋은 느낌을 갖기 위해 교회에 다니지만 교회에 대한 하나님 나라의 더 큰 목적에는 관여하지 않는 이들의 모임을 보는가?

마가복음 3장에서 예수님이 제자들을 불러 어떻게 하셨는가?

"자기와 함께 있게 하시고 또 보내사 전도도 하며"(막 3:14)

기독교 공동체는 다음의 두 가지 목적을 위해 존재함을 기억해야 한다. 이것으로 우리에게 가득 찬 공허를 없앨 수 있다.

(1) 공동의 믿음이라는 맥락에서 양육받는 것
(2) 하나님 나라를 위해 세상을 변화시키려는 목적으로 다른 사람들과 함께 파송되는 것

그러므로 당신의 삶을 돌아보라. 당신은 현대 사회에 만연된 가슴 아픈 공허와 상처를 느끼고 있는가? 아니면 하나님의 사랑으로 충만하고 목적이 분명한 하나님 나라의 삶을 위해 당신의 삶을 정비해 주는 공동체에 속해 있는가?

2m 5cm의 윌리엄은 한때 공허한 사람이었다. 오늘날 그에게 그 공허가 사라진 것은 그가 그리스도를 믿었고, 그리스도가 그를 더 큰 가족에

연결시켜 주셨기 때문이다. 그 가족은 그리스도의 영광을 위해 연합한 가족이다.

당신의 정체성은 관계적 존재이다. 낙심하지 마라. 일어나라. 주위를 둘러보라. 예수님과의 관계에 마음을 열라. 교회와 연합하라. 주님의 영광을 위해 다른 사람들과 연합하라. 그러면 곧 당신의 공허한 날들이 끝날 것이다!

나는 하나님이라 나 외에 다른 이가 없느니라
나는 하나님이라 나 같은 이가 없느니라……
이르기를 나의 뜻이 설 것이니 내가 나의 모든 기뻐하는 것을 이루리라 하였노라(사 46:9-10)

"전하와 트러플헌터와 코넬리우스 박사가 기대하고 있는 건……, 음, 여러분이 내 말뜻을 이해할지 모르겠는데, 도움이에요. 다시 말해, 그들은 여러분을 위대한 전사로 상상하고 있는 것 같았단 말입니다. 그런데 우리는 아이들을 대단히 좋아하지만 지금은 전쟁 중이라서……, 난 여러분이 이해해 주리라 믿어요." - C. S. 루이스 『나니아 연대기 : 캐스피언 왕자』

5장

내 삶은 의미 있는 삶일까?

**하나님은 그의 세상을 변화시키기 위해
우리에게 능력을 주신다**

누구나 살다 보면 바보 같고, 어리석고, 어처구니없는 행동을 할 때가 있다. 2007년 여름, 옥스퍼드 위클리프 홀 신학교 강연 덕분에 가족들과 유럽에 방문했을 때였다. 일정 이후 파리의 루브르 박물관을 관람하였는데, 아내와 장모님과는 달리 나와 아이들은 박물관의 거대한 규모 앞에 금방 녹초가 되었다. 그래서 나와 아이들만 먼저 호텔로 돌아가기로 결정했다. 택시 승차장에 도착하니 비가 내렸다. 게다가 택시도 없었다. 약 15분 후, 작은 택시 한 대가 멈추어 섰다. 우리는 모두 비에 흠뻑 젖어 얼른 차에 타려 했다. 그런데 택시기사가 퉁명스럽게 말했다.

"안 돼요. 네 명은 안 됩니다. 세 명만 타세요."

이유는 모르겠지만 그는 우리 네 사람을 태우는 걸 원치 않았고, 또 나를 좋지 않게 보는 듯했다. 차 안에 공간이 넉넉한데도 불구하고 그는 "네 명은 안 됩니다. 세 명만 타세요"라는 말만 반복했다. 온몸과 옷이 흠뻑 젖은 나는 오로지 아이들이 비를 맞지 않게 해야 한다는 생각뿐이었다. 나는 지갑의 20유로를 큰 아이 존에게 주면서 "너희 먼저 가라. 호텔에서 만나자"라고 말했다. 그리고 택시가 떠나고 나서야 깨달았다. 말도 통하지 않는 낯선 외국의 도시에서, 나를 좋게 보지 않던 운전기사와 함께, 아이 셋만을 택시에 태워 보냈다는 것을.

'내 아이들을 다시 못 볼지도 몰라. 아내가 나를 죽이려 할 거야.'

점점 더 커지는 공포를 억누르며, 다른 택시를 잡아 출발했다. 그러나 수많은 차들이 큰 로터리를 둘러싸고 있는 상황에서, 내가 존에게 마지막 남은 돈을 다 주었다는 것이 떠올랐다. 순간 나는 윤리적 딜레마에 빠졌다. 지금 택시기사에게 말할까 아니면 도착했을 때 말할까? 나의 진실성이 나를 이겼고, 그래서 나는 돈이 없다고 솔직히 말했다. 그러고는 폭우가 쏟아지는 콩코드 광장 한가운데서 내쫓겼다. 그때 나는 정말 두려웠다. 달리 방법이 없으니 그냥 뛰기 시작했다. 약 20분을 미친 듯이 달렸다. 호텔까지 3km 정도 됐던 것 같다. 물에 빠진 생쥐 같은 모습으로 호텔 로비에 도착해서는 얼른 전화를 찾았다. 아이들이 전화를 받았다.

"아빠, 어디 갔다 오셨어요? 우린 30분 전에 도착했는데! 배고파요."

이후 여행의 며칠 동안 아내는 절대로 나와 아이들만 있게 하지 않았다. 호텔로 뛰어가던 그 20분 동안 나는 그 어느 때보다 더 무력함을 느꼈다. 내가 어떻게 할 수 있는 것이 아무것도 없었다. 그때의 경험을, 특히 그 격렬했던 감정을 생각하면, 어쩌면 그것이 오늘날 많은 사람이 느끼는 감정을 효율적으로 나타낼지도 모른다는 생각이 든다. 현대 사회의 분위기와 삶에서 경험하는 강압을 생각하면, 더욱 그렇다. 다음 글을 읽어 보라.

- 우리 나라는 계속해서 엄청난 불경기를 지나고 있다.
- 이란과 북한은 장거리 핵무기를 개발할 조짐을 보이고 있다.
- 세계 인구의 절반이 영양실조에 걸렸거나 영양과 관련된 문제로 죽어가고 있다.
- 일본의 엄청난 지진과 쓰나미, 아이티를 강타한 지진과 허리케인 등, 예상치 못한 자연재해들이 수많은 목숨을 앗아갔다.

사람들이 미래에 대해 두려워하고 걱정하는 것은 이상한 일이 아니다. 또 그것들은 단지 외적인 문제들일 뿐이다. 개인적으로, 사람들은 건강, 결혼, 자녀, 일, 재정과 관련해서 끊임없이 부담을 갖고 있다. 아무리 열심히 노력해도 그중 어느 한 가지도 변화시킬 능력이 없는 것 같다. 우리는 시험 결과를 바꿀 수 없고, 결혼생활의 상처들을 지울 수 없다. 또 재정을 더 나아지게 할 수 없다. 그 결과 생겨난 불안 때문에 많은 사람이 파리에서의 나처럼 미친 듯이 달리고 있다. 그런 큰 도전들 앞에서는 우리의 삶이 하찮다는 느낌에 휩싸여서 말이다. 그러고는 필사적으로 해답을 찾기 시작한다. 우리가 딛고 일어설 진리가 없을 때 의심이 밀려오고 그동안 억눌러 왔던 공포가 모습을 드러낸다. 해결책을 약속하는 모든 경쟁적 이데올로기들을 이해하려고 할 때 우리는 마치 비에 흠뻑 젖어 미친 듯이 달려가며 도움을 구하는 여행객과 같다. 우리가 우리의 삶을, 또는 우리의 세계를 바꿀 수 없다는 현실에 좌절하는 것이다.

그 결과 당연히 우리가 누구인지에 대한 인식이 약해진다. 우리의 정체성은 결정론의 절망적인 느낌으로 가득해진다. 우리는 길 위에 있고, 할 수 있는 일이 아무것도 없다. 그것은 우울한 일이다. 또 우리는 세상을 변화시킬 능력이 없기 때문에 아예 노력을 멈춘다. "내게 능력 주시는 자 안에서 내가 모든 것을 할 수 있느니라"는 개념을 이해하기는커녕, 더 연약해져서 하나님이 계획하신 것보다 훨씬 더 못한 삶을 살고 있다. 그렇다면 해답은 어디에 있을까? 우리는 어디에서 소망을 발견하는가?

기억의 힘

하나님의 본성을 이해하고, 그로써 그의 자녀로서 우리의 진정한 정체성을 이해할 때 우리의 소망을 발견할 수 있다. 하나님은 살아계시며 전능하시다. 그는 능력이 있으실 뿐만 아니라 완전한 능력을 갖고 계신다. 그와 같은 이가 없고, 그 전능함이 우리의 삶과 우리의 세상에 미칠 수 있는 영향력을 생각할 때 우리는 확신과 평안이 샘솟는다.

자신이 연약하거나 힘이 없다고 느껴진다면 이사야 46장으로 돌아가 힘을 얻으라. 이스라엘 백성은 우리와 똑같은 문제들에 직면해 있다. 몇 세대에 걸쳐 하나님은 이스라엘 백성에게 신실함을 보여주셨지만, 그들은 하나님으로부터 돌아서서 반역하고 바벨론의 우상과 거짓 신들을 따랐다. 그 결과는 망명과 힘을 잃는 것이었다. 해답을 찾으려는 노력이 결국 이스라엘 백성으로 하여금 그 시대의 문화적 우상들을 따르고 하나님의 말을 듣지 않게 만든 것이다.

우리는 고통을 피하고 두려움을 억누르려 우리 시대의 문화적 우상들을 의지한다. 어떻게든 효과가 있는 답을 찾기 위해 우리는 거의 모든 일을 시도한다. 물질주의와 세속주의의 제단 앞에 절하고, 기준 없는 포용성의 제단 앞에, 쾌락과 약물과 성공 추구의 제단 앞에 엎드린다. 우리는 이런 것들이 우리를 더 강하게 만들어 줄 거라 믿는다. 그러고는 끊임없이 또 다른 제단을 찾는다.

이스라엘의 이 혼란스러운 시기에 하나님이 말씀하신다.

"너희는 내가 누구인지 잊었다. 나의 본성을 잊었다. 너희가 숭배하는 그 우상들은 너희가 들고 옮겨야 하는데 그것들이 무슨 힘이 있겠느냐? 너희를 업고 가는 것은 나다!"

이사야 46장 8-9절에서 하나님은 두 번이나 "기억하라"고 하신다. 우리가 이러한 시대에서 바로 살아가려고 애를 쓸 때 하나님은 우리의 기억의 힘을 도구로 사용하셔서 우리에게 용기를 주시고 힘을 주신다.

안타깝게도 나는 이것을 최근에 매우 힘들게 배웠다. 우리에게는 누구나 참기 어렵도록 괴로운 시기가 있다. 내게는 2010년 가을이 그랬다. 그리고 나의 해답은 뭐든 닥치는 대로 미친 듯이 열심히 해보는 것이었다. 나 자신의 힘과 의지를 믿었고, 점점 더 하나님으로부터 멀어졌다. 지칠 대로 지친 나는 하나님의 도움을 바랐으나, 하나님은 내게 무관심해 보였다.

내가 거의 한계에 다다랐을 때, 우리 교회에서 필 앤더슨이 인도하는 리더십 행사가 열렸다. 필은 그리스도를 따르는 지도자였다. 하나님은 그를 사용하여 나를 벼랑 끝에서 돌이키게 하셨다. 필은 우리 모두가 "영적 건망증"에 걸렸다고 했다. 그는 우리가 자기 자신에 대해 무력감을 느끼는 이유가 주로 하나님이 누구신지를 잊었기 때문이라고 말했다. 우리는 우리의 삶을 충만케 하시는 분의 전능함을 잊었다. 그것은 단순하지만 내게 매우 심오한 깨달음의 순간이었다.

다음 날 내 오래된 일기들을 꺼내 읽었다. 성경으로, 특히 구약성경으로 돌아가 하나님이 하신 모든 일들을 묵상했다. 갑자기 지난 날 동안 역사하신 하나님의 능력이 새롭게 깨달아졌고, 왕의 자녀로서 나의 정체성이 다시 태어난 느낌이었다! 내가 받은 말씀은 '기억하라'는 것이었다. 내가 압도당하거나 무력한 느낌이 들 때마다 나의 영을 점검하며 기억한다. 내가 누구를 예배하는지를 기억한다. 하늘에 별들을 두신 분이 누구인지를 기억한다. 십자가를, 나를 충만케 하시는 이가 누구인지를 기억한다. 그리고 내가 직면한 모든 문제를 그분께 맡기며, 내 안에서 그 문제를 해결해 주시는 그분의 능력을 신뢰한다. 아직 다 극복한 것은 아니지만, 나의 영적 건망증과 싸우는 법을 배워 가고 있다.

창조자이자 구속자

하나님의 능력을 묵상할 때 이사야 46장이 보여주는 두 가지를 기억하라.

첫째, 우리 하나님의 능력은 타의 추종을 불허하며, 종종 그 능력은 우리 주변의 피조물에 의해 드러난다. 간단히 말해서, 다른 신은 없다. 이사야 46장 9절은 "기억하라 나는 하나님이라 나 외에 다른 이가 없느니라 나는 하나님이라 나 같은 이가 없느니라"고 말한다. 그때 하나님은 출애굽기 3장에서 모세에게 알려 주신 것을 다시 상기시키신다. 하나님은 그들에게 "내가 하나님이라"는 것을 기억하라고 하신다. 근본적으로 이렇게 말씀하고 계신다.

"내가 항상 있어 왔고 앞으로도 항상 있을 하나님이라는 것을 기억하라. 나는 하나님이다. 나는 처음부터 끝을 알려 줄 것이다. 기억하라."

하나님은 모든 것을 움직이게 하신 분이다. 하나님은 우리의 창조주이시다. 시편 19편 1절은 "하늘이 하나님의 영광을 선포한다"고 말한다. 무신론자들이 신은 없다 말할 때 우리는 하늘의 증거를 생각해야 할 것이다.

둘째, 하나님은 우주에 관하여 전능하신 분일 뿐만 아니라, 구원에 관해서도 전능하신 분이다. 하나님은 우리의 구속자이시다. 그는 이사야 46장 12-13절에서 "마음이 완악하여 공의에서 멀리 떠난 너희여 내게 들으라 내가 나의 공의를 가깝게 할 것인즉 그것이 멀지 아니하나니 나의 구원이 지체하지 아니할 것이라"고 말씀하신다. 그것이 아마 성경 전체에서 인간의 마음을 가장 잘 묘사한 구절일 것이다. 우리는 마음이 완악하며, 그 본성이 우리가 찾으려고 애쓰는 진리로부터 우리를 멀어지게 만든다는 것을 모른다. 우리는 모두 생명을 찾기 원하나, 잘못된 곳에서만 헤매고 있다. 우리는 자기 마음대로 사는 탕자들이다. 그러고는 "내가 이걸 알아낼 거야. 내가 해결할 거야. 난 할 수 있어"라고 스스로 합리화한다. 그런 선택을 할 때마다 우리는 계속 하나님께 멀어진다.

그러면 하나님이 어떻게 하시는가? 그는 우리에게 다가오신다. "내가 나의 공의를 네게 주겠다"고 말씀하신다. 하나님은 한 가지 목적, 즉 구원을 위해 그의 능력을 사용하신다. 그것이 그의 본성이다.

슈퍼맨의 변신

하나님의 능력이 우리 안에 살아 있고, 능력을 주시는 그의 영이 우리의 참된 정체성을 결정한다. 우리는 무력하지 않다. 우리는 우리 자신의 힘이 아니라 하나님의 힘 안에서 강하다. 하나님은 이사야 46장 10절에서 "나의 뜻이 설 것이니 내가 나의 모든 기뻐하는 것을 이루리라"고 말씀하신다. 그리고 13절에서 "내가 나의 영광인 이스라엘을 위하여 구원을 시온에 베풀리라"고 하신다. 하나님의 본성이 세상에 어떻게 나타나게 되었는가? 그는 이스라엘을 사용하셨다. 이스라엘 백성들은 회개하고 유배지에서 돌아와 고국을 되찾았고, 다시금 하나님이 세상에 자신을 나타내시는 도구가 되었다.

바로 몇 장 앞에 내가 좋아하는 구절이 있는데, 그것도 같은 이야기에서 나온 것이다.

> "버러지 같은 너 야곱아, 너희 이스라엘 사람들아 두려워하지 말라…… 내가 너를 도울 것이라…… 내가 너를 이가 날카로운 새 타작기로 삼으리니 네가 산들을 쳐서 부스러기를 만들 것이며 작은 산들을 겨같이 만들 것이라"(사 41:14-15)

그 시대에 가장 강력한 연장은 타작기였다. 그것은 크고 무거우며 평평한 쇳조각 밑에 금속으로 된 이가 있었다. 씨를 뿌리기 위해 땅을 갈아엎거나, 길을 내거나 집을 짓거나 밭을 가꾸기 위해 땅을 고르게 정돈하는 데 사용되었다.

하나님은 처음 이스라엘을 연약하고 버러지 같다고 하셨다. 우리가 때때로 느끼는 무력감을 잘 나타낸 말이다. 그러나 하나님이 오셔서 이스라엘로 들어가시자, 마치 슈퍼맨이 공중전화 박스에 들어간 것 같았다. 그는 들어갈 때는 평범해 보이지만 나올 때는 막강한 힘을 가진 존재가 된다. 이스라엘은 버러지 같고 연약한 모습으로 들어갔다가, 하나님의 능력으로 세상에서 가장 강력한 도구가 되어 나타난다.

하나님이 이스라엘 백성 가운데서 하신 일, 즉 연약하고 힘없는 백성을 그의 손 안에서 강한 도구로 바꾸신 일을 지금 우리의 삶 속에서도 하실 수 있다. 우리가 어떤 반역을 하고, 현재 얼마나 멀리 있든지, 우리의 두려움이나 불안의 깊이가 어떠하든 간에, 하나님은 우리 안에서 그의 능력을 나타내기 원하신다. 문제는 우리가 그렇게 되면 마치 영웅의 능력을 발휘할 수 있게 될 거라고 생각한다는 데 있다. 알다시피 우리는 그런 능력을 바란다. 지팡이를 휘두르면 하나님의 능력으로 우리의 고통이 사라지고, 병이 낫고, 한 번에 높은 건물들을 뛰어넘을 수 있기를 바란다. 그렇지 않으면 하나님의 능력이 진짜가 아니라고 생각한다. 그러나 그런 것들은 하나님이 약속하신 것이 아니다.

실제적인 능력이 나타나는 곳

빌 브라이트는 우리의 삶 속에서 하나님의 능력이 나타나는 다섯 가지 분명한 영역을 이야기해준다.[1] 그것은 하나님의 능력으로 충만한 사람으로서 우리의 진정한 정체성을 되찾을 수 있는 삶의 영역들이다.

1. 당신은 악한 세력들을 정복할 수 있는 능력을 갖고 있다. 누가복음 10장 19절은 하나님이 우리에게 원수를 이길 힘을 주셨고 원수가 우리를 해칠 수 없다는 것을 상기시킨다. 당신은 악을 발견하면 물리칠 수 있다. 〈뱀파이어 해결사〉라는 드라마를 이야기해보자. 그 드라마 속에서 복음의 의미를 볼 수 있다. 주인공 버피는 외모와 성적을 걱정하는 귀여운 소녀였다. 그녀는 전혀 강해 보이지 않았지만 뱀파이어 해결사다. 그녀는 악을 정복할 능력이 있었으며 강했다. 우리 역시 그렇다. 겉보기엔 대단해 보이지 않지만, 하나님의 능력이 우리 안에 있다. 그것이 우리의 정체성이다. 그 정체성을 가지고 살아가라. 당신 안에 살아 계시고 역사하시는 성령님에 의해, 당신의 삶 속에서 발견하는 악을 정복할 수 있다.

2. 당신은 하나님을 영화롭게 하는 거룩한 삶을 살 능력이 있다. 베드로후서 1장 3절은 "그의 신기한 능력으로 생명과 경건에 속한 모든 것을 우리에게 주셨으니"라고 말한다. 어쩌면 우리 안에 있는 완악한 본성에 휘둘릴지도 모른다. 그러나 우리는 올바른 선택을 할 능력이 있다. 그것이 가능한 것은 능력 있는 하나님과의 관계 속에서 살기 때문이다. 자신을 과소평가하지 마라. 자신을 패배자로 여기지 마라. 우리가 빠지기 쉬운 죄들로 원수는 우리를 낙심시키고 연약하게 만든다. 그러나 당신이 경건한 삶을 살기 위한 능력을 갖고 있음을 인식하라. 가장 크고 강한 군대가 당신 편에 있다. 그리스도의 몸에 의존하라. 당신의

삶에 책임을 부여하라. 기도 파트너들의 명단을 작성하라. 성경을 암송함으로써 자신과의 대화를 변화시켜라. 그리스도의 제자로 살기 위하여 이 강력한 도구를 활용하라.

3. 당신의 약함에 능력이 있다. 고린도후서 12장 9절에서 하나님은 이렇게 말씀하신다.

"내 은혜가 네게 족하도다 이는 내 능력이 약한 데서 온전하여짐이라"

당신이 할 수 없을 때 하나님은 하실 수 있으며, 또 하신다. 성령님의 신실한 임재를 통해 그가 우리의 모든 문제를 이미 정복하셨음을, 또 고난은 우리에게 그리스도의 고난과 우리를 향한 그의 사랑을 더욱더 공감하게 한다는 것을 떠올리게 하신다. 하나님은 우리의 연약한 순간들을 사용하여 구원을 이루신다. 그러나 우리는 그런 순간들을 모면하게 해달라고 기도하곤 한다. 하나님은 그렇게 하지 않으신다. 대신 하나님은 우리와 함께하시겠다고 말씀하신다. 우리는 도망갈 필요가 없다. 우리의 능력은 하나님의 임재 안에 있다. 삶 속에서 우리를 쓰러뜨리는 상실이나 고난을 만날 때 무엇이 우리를 견디게 하는가? 다른 사람들이다. 그들의 존재는 마치 그들의 힘을 우리에게 전달해, 우리가 계속 살아갈 수 있게 해주는 것 같다. 그러므로 능력은 그리스도 안에 있다. 그는 우리와 함께 있기 위해 오시며, 절대로 우리를 떠나지 않을 거라고 확신시켜 주신다.

4. 당신은 복음을 선포하고 그리스도 안에 있는 하나님의 구속적 사랑의 복음을 사람들에게 전할 능력이 있다. 당신은 다른 사람의 삶을 변화시킬 수 있는 것을 나눌 능력이 있다. 내가 나의 직업을 사랑하는 이유가 바로 그것이다. 나는 복음 전하는 일을 하고 있다. 나는 좋은 소식을 전하는 사람이고, 그 과정에서 다른 사람의 삶이 변화될 가능성이 있다. 게다가 내가 복음의 소망을 이야기할 때 나의 관점이 변화된다. 우리 교회 안의 문제들 때문에 시달릴 수도 있지만, 가만히 앉아서 성경을 읽으며 설교 준비를 할 때면 항상 복음이 내 마음을 변화시킨다. 다시 한 번 나는 기억한다. 내겐 하나님의 능력이 있다. 당신에겐 하나님의 능력이 있다. 복음이 당신 안에 흘러 들어가고 또 당신을 통해 흘러가게 할 능력이 있다. 그리고 당신이 복음을 나눌 때 당신이 선포하는 그 진리가 당신에게 능력을 준다.

5. 당신은 당신을 위한 하나님의 계획을 실현할 능력이 있다. 하나님이 당신에게 어떤 일을 하라 하실 때는 반드시 그 일을 할 수 있도록 당신을 준비시켜 주신다. 당신이 할 일은 순종하는 것이다. 하나님 앞에 나타나는 것이다. 하나님이 열어 주시는 문으로 들어가는 것이다. 당신

안에 하나님의 능력이 있고, 하나님이 당신에게 원하시는 일을 할 수 있다. 20대 초반 공황장애를 겪을 때, 나는 절대로 목사가 될 수 없다고 생각했다. 그러나 하나님께서 할 수 있는 힘을 주실 거라고 믿으며 하나님이 열어 주시는 길을 계속 가기로 결심했다. 그리고 하나님은 언제나 그렇게 해주셨다. 절대로 실패하는 일이 없었고 앞으로도 그러실 것이다. 당신의 과제는 하나님의 능력을 믿고 그에 따라 행동하며, 당신의 삶에 대한 하나님의 계획을 따라 사는 것이다. 앞으로 나아가라. 당신에겐 능력이 있다. 하나님이 당신에게 명하시는 대로 행하라.

어린이 전사들

C. S. 루이스의 『나니아 연대기』 시리즈에서 그는 캐스피언 왕자의 이야기를 들려준다. 피터, 수잔, 에드먼드, 루시는 수잔의 뿔나팔에 의해 혼란을 겪는 나니아로 다시 소환되었다. 네 명의 아이들은 무언가 지시를 내릴 태세로 난쟁이 트럼프킨 앞에 서 있었다. 트럼프킨이 말했다.

"난 캐시피언 전하께 돌아가 아무런 도움도 나타나지 않았다고 전하는 편이 낫겠어요."

"도움이 나타나지 않았다니요? 뿔나팔은 효력이 있었어요. 우리가 누군지 모르겠어요?"

이 말에 트럼프킨은 이렇게 대답했다.

"전하와 트러플헌터와 코넬리우스 박사가 기대하고 있는 건…… 음, 여러분이 내 말뜻을 이해할지 모르겠는데, 도움이에요. 다시 말해, 그들은 여러분들을 위대한 전사로 상상해 온 것 같습니다. 그런데…… 우리는 아이들을 대단히 좋아하지만 지금은 전쟁 중이라서……, 난 여러분이 이해해 주리라 믿어요."2

나니아 사람들은 연약해 보이는 어린아이들이 나타나자 도움이 되지 않을 거라 생각한다. 사실은 그렇지 않다. 연약해 보이는 아이들은 사실 강한 전사들이며, 루이스는 우리에게 그 모든 진리를 상기시킨다. 그 이야기는 그날 아이들이 승리하는 것으로 끝난다. 이것은 그들이 힘센 사자 '아슬란', 이 책에서 '그리스도'를 나타내는 인물의 힘으로 싸웠기 때문이다.

우리는 어린아이들이다. 이것은 틀림없는 사실이다. 우리 자신의 무력함을 보여주는 냉혹한 현실 속에 살고 있다. 그래서 실제적인 능력을 추구하며 산다. 우리 하나님의 본성과 인간을 창조하고 구원하고 구속하시는 그의 능력으로 돌아갈 때, 즉 우리가 그것을 기억할 때 그 능력을 발견한다. 어린아이라고? 맞다. 그러나 하나님의 능력으로 충만한 그 아이들은 이 세상에서 하나님의 승리하는 종으로 살 수 있다. 하나님은 그런 분이시다. 그러므로 우리는 왕의 자녀들이다. 우리가 그 능력을 가지고 살아가며 우리의 진정한 정체성을 발견하기 바란다.

내가 주의 영을 떠나 어디로 가며 주의 앞에서 어디로 피하리이까……
주에게서는 흑암이 숨기지 못하며 밤이 낮과 같이 비추이나니
주에게는 흑암과 빛이 같음이니이다 (시 139:7, 12)

우정은 말이 필요 없다. 그것은 외로움의 고뇌에서 구해낸 고독이다. - 다그 함마르슐트

외로움은 왜 찾아오는가?

하나님의 임재는 관계에 대한 우리의 갈망을 해결해 준다

2008년 뉴욕에 꽤 흥미로운 광경이 펼쳐졌다. 새벽부터 사람들이 모여들었고, 줄은 시내를 돌고 돌아 이어졌다. 사람들은 7시간이 넘게 순서를 기다렸다. 애플의 최신 제품을 사기 위한 줄일까? 뉴욕의 최신 연극이나 쇼를 위한 줄이었을까? 그 어느 것도 아니었다. 그것은 포옹을 받기 위한 줄이었다. 맞다, 포옹. 포옹을 해주는 사람은 '마마 안리따난다마이'라는 54세의 힌두 여성이었다. 그녀의 추종자들에겐 안아주는 '암마' 또는 '어머니'로 알려져 있다.

그녀는 지난 18년 동안 세계를 돌아다니며, 많은 사람의 관심을 끌어모았다. 그녀는 평생 2천 7백만 명을 안아준 것으로 추정된다. 그녀의 근처에서 안기기 위해 일하는 무급 봉사자들만 150명이다. 암마는 뉴욕에서 사흘 간 거의 쉬지 않고 약 8천 명의 사람들을 안아주었다.[1]

솔직히 나는 그것이 묘하게 슬픈 일이라고 생각했다. 그 행사는 우리 문화의 상태와 우리의 깊고 깊은 갈망을 말해 주는 것이다. 즉 누군가에게 안기고, 사랑받고, 단 30초간이라도 우리가 외롭지 않다고 느끼고 싶은 욕구가 있는 것이다. 많은 사람에게 외로움은 가장 큰 두려움 중 하나이다. 많은 공포영화가 혼자 있는 사람의 집을 배경으로 하는 이유가 그 때문이다. 〈캐스트 어웨이〉 같은 영화의 인기 역시 같은 이유다.

우리가 삶에서 겪는 어떤 경험들은 이런 느낌을 훨씬 더 강하게 만든다. 죽음이 가장 확실한 경우다. 얼마 전에 아버지를 잃은 한 여성이 나에게 이런 말을 했다.

"어머니도 이미 돌아가셨고, 마치 갑자기 혼자가 된 것 같아요."

사랑하는 사람들을 잃는 것은 우리에게 사무친 외로움을 남길 수 있다. 이사, 이직, 관계 속에서 당하는 배신 등도 역시 그렇다. 어떤 경우든 우리는 다른 사람의 존재를 그리워하는데, 우리가 깨닫든지 못하든지 그 그리움은 하나님의 임재를 향한 것이다.

물론 문제는 우리가 종종 하나님의 임재를 느끼지 못한다는 데 있다. 하나님은 우리가 원하는 방식으로 나타나지 않으신다. 나 같은 목사들이 늘 말하는 "하나님은 언제나 당신과 함께하십니다"라는 말이 실제 상황에 비춰 보면 솔직하지 못한 말로 들린다. 우리의 마음은 "그런데 하나님이 여기 계신다면, 왜 제가 하나님을 느끼지 못하는 겁니까?"라고 외친다. 우리는 여호수아 1장 9절 말씀을 알고 있다.

"강하고 담대하라…… 네가 어디로 가든지 네 하나님 여호와가 너와 함께하느니라"

우리는 그 말씀이 사실이길 바란다. 그러나 솔직히 고백하면, 하나님이 계시지 않는 것처럼 느껴지는 순간들이 있다. 또 하나님이 나와 수십만 킬로미터를 떨어져 계신 것처럼 느껴질 때도 있다.

게다가 문화적 회의론자들의 이야기도 활발하다. 크리스토퍼 히친스, 새뮤얼 해리스, 리처드 도킨스 같은 사람들이 신은 없다고 공격적으로 주장하는 것을 듣는다. 하나님의 영적 임재는 단지 갈급한 인간의 마음이 만들어낸 감정이라는 것이다. 그들의 주장은 우리를 어리석은 사람으로 만들어 우리의 확신에 구멍을 뚫는다. 따라서 우리가 하나님의 임재를 발견하려고 애쓸 때 이런 사상들이 우리의 마음에 혼란을 일으키고 우리가 정말로 하나님의 임재 안에 있을 수 있는지 의심하게 만든다.

여기 누가 있는지 보라

하나님이 정말로 우리와 함께 계시는가? 우리는 결국 이 세상에서 정말 혼자인가? 아니다. 우리는 혼자가 아니다. 그리고 그 답은 다윗의 시편에 매우 강력하게 나타나 있다. 이 시는 우리가 정말로 듣기 원하는 진리를 말해준다. 바로 어디에나 계신 하나님에 대한 원대한 묘사이다. 항상, 어디에나, 온전히 계실 수 있는 그 능력을 묘사한 것이다.

> "내가 하늘에 올라갈지라도 거기 계시며 스올에 내 자리를 펼지라도 거기 계시니이다 내가 새벽 날개를 치며 바다 끝에 가서 거주할지라도 거기서도 주의 손이 나를 인도하시며 주의 오른손이 나를 붙드시리이다" (시 139:8-10)

하나님은 우리 주변 어디에나 계신다. 다윗은 "비할 데 없는 하나님의 임재를 보라"고 노래하고 있다. 다윗이 이 진리를 붙잡고 그것에 대해 노래할 수 있다면, 우리도 할 수 있지 않겠는가? 우리가 이러한 하나님의 본성을 어떻게 이해하면, 그것이 우리의 정체성을 변화시킬 수 있을까? 우선 하나님의 '편재성'이라는 것에 대해 잠시 생각해 보자. 빌 브라이트는 그것을 이렇게 규정한다.

> (편재성은) 하나님의 아름다운 개인적 속성들과 함께 하나님이 역동적이고 강력하게 임재하지 않으시는 곳이 우주에 단 한 자리도 없다는 것을 뜻한다.[2]

하나님의 모든 속성, 하나님의 존재의 모든 복잡한 면이 항상 모든 곳에 존재하는 것이다.

우리의 문제는 그것을 인간적인 눈으로 보려고 한다는 것이다. 우리는 인간적인 한계를 하나님께 적용한다. 동시에 모든 곳은 말할 것도 없고 우리가 동시에 두 장소에만 있을 수 있어도 대단한 일이라 생각한다. 그런데 하나님은 우리와 다르다. 우리는 한계가 있지만 하나님은 한계가 없으시다. 하나님의 존재는 우리와 전혀 다르다. 따라서 우리가 하나님을 하나님으로 받아들이면, 즉 공간적으로 정의하지 않고 영적으로 정의하면, 이해가 가기 시작한다. 창세기 말씀대로 하나님이 우주의 창조자라면 그가 만드신 세상 어디에나 존재하시는 것이 당연한 일이다.

이것은 뉴에이지나 영성주의를 뛰어 넘는 차원이다. 이것은 분명 하나님이 모든 사람과 모든 사물 안에 임재하신다고 말하는 것과 다르다. 뉴에이지는 하나님이 나무와 바위, 바람, 음악, 그리고 당신과 내 안에 계신다고 말한다. 따라서 이 신비로운 존재와 접촉하기 위해 우리가 할 일은 우리의 북을 치고, 눈을 감고, 몇 마디 구호를 외치는 것 뿐이라고 한다.

그러나 사실은 다르다. 하나님은 피조물 안에 계시지만, 성경은 하나님이 우리의 삶 속에 임재하시는 것이 믿음으로 되는 일이라고 말한다. 성경의 이야기는 이렇다. 우리는 하나님의 임재 안에 있기를 갈망하지만, 아무리 많은 주문을 외우고 양초를 켜도 하나님께 다가갈 수 없다. 그렇기 때문에 하나님이 다가오신 것이다. 하나님은 예수 그리스도의 성육신으로 우리에게 오셨다. 우리가 하나님의 십자가 중심의 사랑과 용서를 받아들일 때 특별히 우리 안에 하나님의 임재가 있다. 그럴 때 우리는 성령 충만해진다. 그것은 모든 사람 안에 하나님이 임재하신다거나 하나님이 바위와 꽃과 바람 속에 계신다고 말하는 것과 완전히 다르다. 그 요소들은 하나님의 창조력을 나타내지만, 하나님이 그들 안에 충만하시지는 않다. 물론 사람들은 하나님의 형상으로 창조되었기 때문에 하나님의 형상을 나타낸다. 당연히 그들 주변에는 하나님이 임재하신다. 그러나 하나님이 그들과 관계를 맺지 않으시면 하나님의 임재가 그들 안에 있지 않다. 하나님의 임재는 오로지 하나님과 관계를 맺은 사람들 안에만 있다.

좋은 소식

우리는 혼자 있는 것을 두려워할 필요가 없다. 하나님의 임재는 그가 우리를 피해 숨지 않으신다는 것을 큰소리로 명확하게 알려준다. 우리는 하나님이 우리와 숨바꼭질을 하시며 그의 임재에 대한 약속으로 우리를 유인하시지만, 결코 자신을 보여주시지 않으면서 우리를 놀리고 계신다고 생각한다. 그런 터무니없는 오해에 대한 명백한 답은 바로 예수님이다. 만일 하나님이 숨으려 하셨다면 절대로 그 자신의 완전한 계시인 아들을 보내지 않으셨을 테니 말이다. 예수님의 이름인 임마누엘이 바로 이 진리를 외치고 있다.

"하나님이 우리와 함께하신다."

예수님이 제자들에게 하신 마지막 말씀도 이 진리를 드러낸다.

"내가 세상 끝날까지 너희와 항상 함께 있으리라" (마 28:20)

최근 한 회사는 TV 광고에서 자기 조직의 가치를 "함께함의 힘"으로 묘사하였다. 우리가 그것에 마음이 끌리는 이유는 누군가가 우리와 함께 해주길 원하기 때문이다. 그런데 궁극적인 함께함의 능력을 원한다면, 하나님께서 거듭 "내가 너와 함께 있다"고 말씀하신 것을 기억하라. 그것은 예수님 이름의 의미이기도 하고, 또 하나님께서는 그의 임재를 발견할 수 있는 몇 가지 상황들을 분명히 말씀해 주신다.

1. 당신이 순종하고자 할 때 하나님이 당신과 함께하신다. 바울은 고린도전서 10장 13절에 "하나님은 미쁘사 너희가 감당하지 못할 시험 당함을 허락하지 아니하시고 시험 당할 즈음에 또한 피할 길을 내사 너희로 능히 감당하게 하시느니라"고 말한다. 우리의 마음이 그리스도를 따르기 원할 때, 세상이 우리를 막으려 소리치더라도 주님이 강력하게 그의 길을 보여주신다. 그는 언제나 우리에게 피할 길을 보여주신다. 우리가 할 일은 그의 음성을 듣도록 소음을 가라앉히는 것이다.

2. 당신이 다른 사람에게 위로나 소망을 전하려 할 때 하나님이 당신과

함께하신다. 모세가 바로에게 제대로 할 말을 못할까 두려워하자 하나님은 "이제 가라 내가 네 입과 함께 있어서 할 말을 가르치리라"(출 4:12)고 말씀하셨다. 하나님이 모세에게 할 말을 주시겠다고 하신 것처럼, 우리의 말 속에 하나님이 임재하신다. 우리가 충실하게 하나님의 말씀을 전할 때 그것은 결코 헛되게 돌아오지 않는다. 시편 22편 3절은 "하나님이 그의 백성들의 찬송 중에 계신다"고 말한다. 따라서 당신이 하나님을 위해 살고, 그의 말씀을 전하고, 하나님을 예배할 때 하나님이 당신과 함께하신다.

3. 환난을 당할 때 하나님이 함께하신다. 이사야 43장 1-2절에서 하나님은 말씀하신다. "너는 두려워하지 말라 내가 너를 구속하였고 내가 너를 지명하여 불렀나니 너는 내 것이라 네가 물 가운데로 지날 때에 내가 너와 함께할 것이라 강을 건널 때에 물이 너를 침몰하지 못할 것이며 네가 불 가운데로 지날 때에 타지도 아니할 것이요 불꽃이 너를 사르지도 못하리니." 하나님은 성경에서 이 사실을 재차 말씀하시며, 때때로 삶 속에서 우리는 특별히 그 사실을 맞닥뜨린다.

신학교 2학년 때 나는 공황장애와 싸우고 있었다. 비이성적인 두려움 때문에 늘 불안하고 산만했다. 심장이 마구 뛰고 식은땀이 흘렀다. 집중을 하기가 어려웠고 때로는 방에서 얼른 나가야 할 것 같을 때도 있었다.

그래도 나는 수업에 들어가 내 할 일을 했고, 과제를 제출하고, 몇 킬로미터를 달려가 아내와 함께 저녁을 먹었다. 그러나 만약에 일어날지도 모르는 일에 대한 두려움 때문에 그 이상은 용기를 낼 수가 없었다. 그렇게 한 학기를 보내고, 학교를 그만두어야겠다는 생각이 들었다. 나는 그해 여름 인턴 과정을 보내고, 첫 목회 사역지를 찾아야 했다. 더 큰 불안이 나를 죄어 왔다. 이렇게 우울하고 불안하게 살아야 하는 것에 대해 하나님께 깊은 분노를 느꼈다. 몇 달 동안 하나님께 부르짖으며 치유를 위해 기도하고, 하나님이 나와 함께 계신다는 징후를 보여 달라고 기도했지만 아무 응답도 받지 못했다. 아무것도. 나는 내 미래를 바라보며 내가 엄청난 실수를 했다는 걸 느꼈다. 현재 상태로는 도저히 목사가 될 수 없었다. 누구 앞에서 설교를 한다는 건 꿈도 못 꿀 일이었다. 다른 분야에서 일한다면 내 인생이 어떻게 될까 하는 생각을 하기 시작했다.

그러던 어느 날 아침이었다. 잠에서 깼는데 아무 힘이 없었다. 아내는 묵묵히 늘 하던 대로 일터로 향했다. 나는 오전 수업이 없어, 그대로 침대에 누워 내 인생에 대해 생각하며 기도했다. 그때 내 침실 밖 복도에서 비춰 오는 빛을 보았다. 처음엔 햇빛인 줄 알았는데, 햇빛은 다른 창문으로 들어오고 있다는 걸 기억해냈다. 그 빛은 점점 더 밝아지고 가까워졌다. 급기야 나는 눈을 가릴 수밖에 없었다. 그 빛을 똑바로 쳐다볼 순 없었지만 나를 감싸는 온기가 느껴졌다.

마침내 이 영광스러운 빛은 내 방에 완전히 들어온 듯했고, 나는 침대

위에서 몸을 잔뜩 웅크리고 있었다. 내 말이 이상하게 들릴 거라는 걸 안다. 그러나 이렇게밖에 묘사할 수가 없다. 마치 거대한 무게가 내 몸의 모든 부분을 내리 누르고 있는 듯했다. 꼼짝할 수가 없었다. 머리를 옆으로 향한 채 엎드려 있던 나는 뒤로 돌아 그 영광을 보려고 안간힘을 썼다. 그때 그 빛 위로 예수님의 얼굴이 나타나는 것을 보았다. 예수님은 "나를 도우라" 하고 말씀하셨다. 그 말씀을 세 번이나 반복하셨다. 그리고 갑자기 모든 것이 사라졌다.

나를 누르던 무거운 것이 사라지자 나는 침대에 앉아 생각했다. '도대체 뭐였지? 방금 무슨 일이 일어났던 거야?' 아주 부드럽게, 성령님이 하나님으로부터 온 말씀을 내 마음 깊은 곳에 확실하게 말씀하셨다. 예수님은 절대로 나의 도움이 필요한 분이 아니다. 절대로. 그러나 그때 하나님이 나를 부르시며 그가 늘 함께하신다는 것을 내게 보여주셨고, 또 그의 일에 동참할 때라는 걸 알려 주셨다. 하나님이 나를 부르고 계셨다.

당신이 상상하는 것처럼 그날부터 내 인생은 달라졌다. 그것은 두 가지 이유로 내 인생을 바꾸어 놓았다. 첫째, 하나님의 그 강력한 힘이 나의 영적 건망증을 치료했다. 스스로의 생각 속에서 하나님을 너무 작게 만들어 놓았기 때문에 나의 불안 장애나 다른 어려움에서 벗어날 길을 생각할 수 없었던 것이다. 나는 하나님의 영광의 미세한 한 부분을 경험했고, 갑자기 하나님이 영광스러운 분이시라는 것을 기억해냈다. 둘째, 그 경험이 내 인생을 바꾸어 놓은 것은 내가 하나님의 임재를 깊이 인식하게 되었기 때문이다. 나는 혼자가 아니었다. 나 혼자서 내 문제를 해결해야 하는 것이 아니었다. 이 깨달음은 내게 새로운 확신을 주었다. 내 기분이 어떻든, 혹은 무슨 일이 일어나든 상관없이, 하나님은 언제나 모든 영광 가운데 계신다는 것을 알았고, 그것으로 충분했다.

혹시 하나님께서 마법처럼 나의 불안을 모두 없애 버리셨거나 내가 다시는 공황장애를 겪지 않았을 거라고 생각한다면, 당신의 생각이 틀렸다. 이것은 그런 이야기가 아니다. 그러나 하나님은 내게 앞으로 나아갈 수 있고, 내 마음을 열어 다른 사람들을 도울 수 있고, 하나님이 내게 주신 능력들을 신뢰할 수 있고, 또 보이는 것을 넘어 믿음으로 살아갈 수 있는 확신을 주셨다. 서서히, 그리고 꾸준히 불안이 사라져 갔다. 나는 그것을 다루는 데 필요한 도구들을 알게 됐다. 그 도구들에 의존하는 법을 배웠고, 또 두려움을 사실 그대로 바라보는 법을 배웠다. 하나님이 열어 주신 문을 통과하면 항상 하나님이 나타났고, 지금까지도 하나님은 변함없이 늘 그렇게 해주신다.

이렇게 말하면 당신은 내가 항상 하나님의 임재를 의식한다고 생각할지도 모르겠다. 그 생각도 틀렸다. 나도 하나님이 멀게 느껴질 때가 많았다. 그렇지만 나의 삶 속에 하나님이 임재하신다는 사실은 결코 변한 적이 없었다. 하나님은 항상 계신다. 당신이 하나님의 임재를 느끼지 못한다고 해서 하나님이 계시지 않는 것은 아니다.

그 봄날 아침에 있었던 나의 이상한 경험에 대해 나는 오랫동안 아무에게도 말하지 않았다. 말했다가는 사람들이 나를 이상한 사람으로 취급할 것 같았기 때문이다. 그러나 나는 그때의 일을 자주 생각했다. 때로는 스스로 그것이 꿈이었다고 믿었다. 또 어떤 때는 하나님께 명확히 알려달라고 요구했다. 마침내 어느 날 아침 일기를 쓰는 중에, 그 순간이 단지 나만을 위한 것이었다고 생각했던 나의 손을 하나님이 살짝 치셨다. 그게 아니었던 것이다. 하나님이 내게 그 순간을 주신 것은 내가 하나님의 영광스러운 임재의 사실을 선포하도록 하기 위한 것이었다. 그래서 그때부터 나는 그렇게 하려고 노력해 왔다. 내가 그 순간을 경험한 것은 행운이었다. 나는 그것을 안다. 당신은 이렇게 생각할지도 모른다.

'그래, 만일 하나님이 나에게도 그렇게 나타나셨다면 하나님의 임재를 더 확신할 수 있었을 텐데.'

명심하라. 하나님은 당신을 위해 나타나셨다. 예수님 안에서 나타나셨고, 어떤 이유로든 그는 때때로 나 같은 죄인들을 통해 우리에게 그 사실을 떠올리게 하신다. 바로 그 때문이었다. 즉 하나님이 바로 여기에 우리와 함께 계신다는 것을 모든 사람에게 떠올리도록 하기 위한 것이었다.

한때 나에게 그랬던 것처럼 하나님의 임재가 당신에게 초자연적인 방법으로 나타날 수도 있고, 이메일이나 전화 통화를 통해 나타날 수도 있다. 또는 하나님과 함께하는 시간 중에 의미 있는 성경 구절을 발견한다거나, 하나님의 창조의 신비를 느끼며 밤하늘을 바라볼 때 나타날 수도 있다. 하나님은 크고 광대하시나, 그리스도를 통해 당신과 가까이, 또 당신 안에 계신다. 임마누엘, 즉 하나님이 우리와 함께하신다는 것을 기억하고 살기 바란다.

나쁜 소식

그런데 하나님의 임재가 때로는 나쁜 소식으로 느껴질 수도 있다는 것을 이야기하지 않는다면, 좀 솔직하지 못하다고 할 수 있겠다. 좋은 소식은 하나님이 당신을 피해 숨지 않으신다는 것이다. 그러나 당신 또한 하나님을 피해 숨을 수 없다는 것을 알아야 한다. 당신은 숨고 싶을지도 모른다. 자신이 숨을 수 있다고 생각할지 모르나, 그럴 수 없다. 다윗이 이 사실을 잘 표현한 것 같다.

"내가 혹시 말하기를 흑암이 반드시 나를 덮고 나를 두른 빛은 밤이 되리라 할지라도 주에게서는 흑암이 숨기지 못하며 밤이 낮과 같이 비추이나니 주에게는 흑암과 빛이 같음이니이다" (시 139:11-12)

우리는 아무도 몰랐으면 하는 일들은 어두운 밤에 하곤 한다. 도둑질과 범죄, 인터넷을 통한 은밀한 죄, 그 모든 것들이 그렇다. 우리는 어떻게든 어둠이 우리를 가려줄 거라고 생각한다. 다른 사람들로부터, 궁극적으로 하나님으로부터 우리를 숨겨줄 줄 안다. 그러나 하나님은 흑암

속에 계시며 그가 그 안에 계시면 흑암도 낮과 같이 밝아진다는 것을 보여주신다. 나는 어느 날 밤 속도 위반 딱지를 받았던 사건을 절대로 잊지 못할 것이다. 밤늦은 시각인지라 경찰관이 불빛 신호로 내 차 안을 환하게 비추자 마치 벌거벗은 듯한 기분이었다. 나의 속도위반이 온 세상에 환히 드러나는 것 같았다. 지나가는 운전자들이 나를 쳐다보았다. 그때 계속 떠오르는 단어는 '드러나다(exposed)'였다. 그가 얼른 일처리를 마쳐서 제발 그 불빛에서 빨리 벗어나게 해달라고 계속 기도했다.

드러난다는 것, 특히 그것이 우리의 잘못된 선택이나 결정과 관련된 것이라면 더더욱 즐겁지 않다. 그러나 이렇게 생각해보라. 우리는 빛을 원한다. 왜냐하면 우리가 어둠 속에서 하는 일이 우리의 마음을 잡아먹을 듯 괴롭히기 때문이다.

고통스러운 만큼 우리에겐 빛이 필요하다. 그 어두운 곳이 밝게 비춰져서, 정결케 하는 하나님의 임재가 그 자리를 깨끗하게 해주시고 우리를 바로잡아 주셔야만 한다. 어쩌면 당신도 하나님의 임재 없이 살려고 애쓰고 있을지 모른다. 당신은 늘 십자가를 부인하고, 하나님의 권위를 부인하고, 하나님의 사랑을 부인해왔을 수도 있다. 거기서 나오라. 믿음으로 하나님의 임재의 빛으로 들어가라. 당신의 삶에 그리스도의 빛을 비추어 달라고 하나님께 구하라. 그러면 하나님이 당신을 영원히 변화시켜 주실 것이다.

이 책을 읽고 있는 사람들 가운데 신실한 믿음으로 살고 있는 이들도 있을 것이다. 하지만 당신에게도 보이지 않는 어둡고 은밀한 곳들이 있다. 당신이 종종 머무는 곳들이다. 당신은 그것을 감출 수 있다고 생각하지만, 성령님이 잘못을 깨닫게 하셔서 그것을 밝히 드러내시고 당신이 하는 일을 멈추게 하신다. 당신은 누군가에게 이렇게 말해야 한다.

"저는 이 죄에 빠졌지만 이제 나와야 합니다. 제 삶의 이 영역을 밝히 드러내야 합니다."

그것은 불륜이나 포르노 중독일 수도 있다. 직장에서의 비윤리적 행위일 수도 있다. 무엇이 됐든 간에, 당신이 나쁜 소식이라고 생각하는 것이 사실은 좋은 소식이다. 그것을 빛 가운데로 끌어내라. 하나님께 당신의 죄를 감출 수 없다. 결국은 발각될 것이다. 이제 그것이 당신을 집어삼키지 못하게 하고, 당신 안에서 하나님의 치유가 시작되게 하라. 그렇게 할 때 당신이 숨기고 있는 것이 아니라 하나님의 임재에 의해 당신의 정체성이 결정될 것이다.

우리는 다른 사람들에게 하나님의 임재를 나타낸다

2차 세계대전 당시 나치를 피해 유대인들을 숨겨주고 섬겼던 그리스도인 코리 텐 붐과 그녀의 언니이자 동역자 벳시의 이야기를 보자. 그들은 결국 나치에 잡혀 포로수용소로 보내졌다. 그곳에서 그들은 믿기지 않는 박탈과 굶주림, 굴욕을 견뎠다. 고난은 극심했지만, 그들은 매일 그리스도에 대한 믿음과 소망을 가지고 사랑과 기쁨으로 다른 사람들을 섬겼다. 그러던 중 벳시의 건강이 악화되어 교도소 병원으로 옮겨졌다. 벳시는 마지막 순간에 코리에게 이런 말을 남겼다.

"우리가 여기서 배운 것을 사람들에게 전해야 해. 아무리 깊은 수렁이 있어도 하나님이 그보다 더 깊으시다는 걸 말해줘야 해. 우리가 거기까지 다녀왔으니까 사람들은 우리의 말을 들을 거야, 코리."[3]

우리는 하나님이 우리를 건지실 수 없을 만큼 깊은 구덩이를 발견할까 봐 두렵다. 우리는 세상에서 혼자라는 불안감과 두려움을 안고 살아간다. 복음의 좋은 소식은 이것이다. 우리의 두려움은 예수 그리스도 안에서 해결되었다. 십자가 위에서 그는 우리가 아는 어느 구덩이보다 더 깊은 구덩이로 내려오셨다. 그리고 거기서 살아나셨다. 그의 이름 임마누엘은 우리가 어디 있든지, 혹은 무엇을 만나든지 하나님이 우리와 함께 하신다는 것을 말해 준다. 그는 결코 우리를 떠나거나 버리지 않으실 것이다. 그리고 다른 사람들의 삶 속에서 그의 임재를 나타내는 즐거운 특권이 우리에게 있다.

현재 내가 섬기는 교회에서 사역을 시작한 직후 큰 시련이 있었다. 우리 교회에 다니는 대학생 중 한 명이 차를 몰고 집으로 가던 중 교통사고로 사망한 것이다. 그는 주님을 사랑하는 청년이었고, 밝은 미래를 앞둔

청년이었다. 그의 죽음은 많은 사람들에게 엄청난 충격이었지만, 누구보다 큰 타격을 받은 것은 그의 가족이었다. 내가 알지도 못하는 이 가족에게 무슨 말을 할까 생각하면서 걸었던 그의 집까지의 그 먼 길은 결코 잊지 못할 것이다. 그들이 내가 오는 걸 원치 않았다 해도 나는 충분히 이해했을 것이다.

그러나 문을 두드렸을 때 나는 가족을 잃은 그들에게 따뜻한 환영을 받았다. 가장 기억에 남는 것은 방마다 사람들이 가득 차 있던 광경이다. 어떤 방에서는 사람들이 대화를 나누었고, 어떤 방에서는 기도를 하고 있었고, 또 어떤 방에서는 조용히 앉아 있었다. 그 후 며칠 동안 나는 이 가족이 하나님의 사람들을 통해 나타난 하나님의 임재로 감동을 받고 힘을 얻는 것을 함께 보았다.

그것은 우리의 특권이다. 우리의 소명이다. 하나님은 영적으로 언제, 어디서나 충만하게 임재하신다. 그리고 당신과 나는 그 사실을 증명하는 살아 숨쉬는 증인이다. 그러므로 담대하게 주위를 둘러보며 하나님의 임재를 나타내야 할 곳이 어디인지 보자.

용기를 내라. 당신은 혼자가 아니다. 하나님이 당신과 함께 계신다. 거기서 당신의 진정한 정체성이 발견된다.

여호와여 주께서 나를 살펴 보셨으므로 나를 아시나이다……
이 지식이 내게 너무 기이하니 높아서 내가 능히 미치지 못하나이다(시 139:1, 6)

그러므로 결국 가장 중요한 것은 우리가 하나님을 안다는 사실이 아니라,
그것의 근간이 되는 더 큰 사실, 즉 하나님이 나를 아신다는 사실이다. −J. I. 패커

7장

나의 삶이 이해되지 않는다면?
하나님을 알면 세상을 바라보는 관점이 바뀐다

신학생 시절, 병원에서 일할 때였다. 나를 포함한 인턴 여섯 명은 교대로 밤새 비상대기를 했다. 나는 목회 경험이 없었기 때문에 호출을 받을 때마다 특히 긴장이 되었다. 어느 날, 분만실에서 호출이 왔고 나는 얼른 아래층으로 뛰어갔다.

분만실에 도착하니 진통 중인 젊은 여자가 보였다. 그녀의 남편은 그녀의 옆에서 큰소리로 격려하며 호흡을 시켰지만, 그녀에게는 어떤 말도 들리지 않는 듯했다. 그들은 방금 의사에게 아기가 위험하다는 얘기를 들었다고 했다. 그들은 두려워했고, 누군가 기도해주길 바랐다. 나는 기도를 드렸다. 그들을 위로하고 하나님께 간구하려는 미약한 노력이었지만 그들은 고마워하는 것 같았다. 그 후 정신없이 시간이 지나갔다. 갑자기 의사들을 부르는 소리가 났다. 그리고 상황은 몇 분 만에 끝이 났다. 탯줄이 아이의 목을 감고 있었고, 진통이 길어지며 아이가 서서히 목이 졸려 죽은 것이다. 그들의 아들은 세상에 나와 숨 한 번 쉬지 못했다. 그 부부는 완전히 넋이 나가 서로 끌어안은 채 흐느꼈다. 나는 거기 서서 뭔가 도움을 주려 했지만, 정신적으로 깊은 영적 혼란에 빠져 있었다. 그때, 예고도 없이 산모가 숨쉬기를 힘들어했다. 그녀의 얼굴이 창백해지고 땀으로 뒤덮였다. 급히 의료진과 응급구조 카트가 왔다. 정신없이 분주하게 움직이는 소리들이 지나갔다. 그리고 믿을 수 없게도 산모가 세상을 떠났다. 진통 중에 양수가 자궁을 빠져나와 심장까지 흘러 심장을 멎게 했다고 했다. 극히 드문 경우였지만, 어쨌든 그 일이 일어난 것이다. 나는 그 남편과 함께 서서, 어떻게든 밀려드는 공포감을 억누르려고 애쓰고 있었다. 마치 나의 개인적인 신앙의 근간들이 무너져 내리는 것 같아, 그 방을 뛰쳐나가고 싶은 마음이 가득했다. 그것은 현실, 차갑고 잔혹한 현실이었다.

아이 아빠의 가족은 모두 먼 지역에 살고 있어서 그 자리에 없었고, 한밤중이어서 친구들도 오지 않았다. 그는 완전히 혼자였다. 게다가 서류에 사인을 하고, 장례식장도 알아봐야 했고, 가족과 친구들에게 연락도 해야 했다. 그는 아무런 내색도 하지 않고 묵묵히 견디며 전화를 걸고, 서명을 하고, 필요한 이야기를 했다. 내가 할 수 있는 일은 별로 없었다. 때때로 미약하게나마 그와 함께 기도를 하고, 몇 군데 전화 거는 일을 도와

주고 그에게 먹을 것과 마실 것을 가져다주었다.

마침내 그 일들을 다 마치자, 그는 병원을 떠날 준비를 했다. 나는 문 앞까지 같이 가 그가 주차장 쪽으로 걸어가는 것을 지켜보았다. 그의 앞에 태양이 떠오르고 있었다. 새 날이 밝아올 때 나는 거기 서서, 기쁨과 기대로 가득해 병원에 들어왔던 한 남자가 완전히 혼자가 되어 떠나는 것을 보고 있었다. 지금까지도 그 일은 내가 본 가장 슬픈 사건이다.

아무리 애를 써도, 아무리 많은 성경 구절들을 되뇌어 봐도, 어떻게 해야 할지 알 수가 없었다. 이 가족에게 일어난 일을 어떻게 이해해야 할까? 나는 계속 하나님께 물었다.

"제가 주님에 대해 알고 있는 사실과 이 일이 어떻게 조화가 됩니까? 이 일이 주님의 계획 속에서 어떤 의미가 있습니까?"

그 후 며칠 동안 내 감정을 다스리기 위해 지도 교수님과 함께 일을 했다. 일기도 쓰고, 기도도 했다. 그리고 시간이 흐르면서 점차 알게 되었다. 나의 믿음이 자랐다. 물론 나는 그 사건을 전혀 이해하지 못했다. 하지만 다른 중요한 진리를 깨달았다. 내 지식은 한정되어 있다는 것이다. 우리는 저마다 이해하지 못한 경험과 사건, 상황들이 있다. 그 일들이 왜 일어났는지, 이 세상에서는 절대로 모를 것이다. 다만 우리가 타락한 세상에 살고 있으며, 그 세상이 우리의 삶에 종종 영향을 미친다는 것만 알 뿐이다.

물론 그것은 또 다른 질문으로 이어진다. 혹시 그 비밀들을 아는 사람이 있다는 것인가? 그것은 매우 중요한 문제다. 왜냐하면 내가 지금 일어나는 일을 이해할 수 없는데 그것을 아는 사람이 아무도 없다면, 나는 내 삶에 대해 심히 불안하고 걱정될 것이기 때문이다. 그런 결론은 마치 삶이 재난을 향해 가는 폭주 열차에 지나지 않는다는 느낌만 남길 뿐이다.

이 장이 매우 중요한 이유가 이 때문이다. 누군가 아는 사람이 있다. 즉 하나님이 아신다. 그는 오래 전 그 병원에서 일어난 일에 대해 아실뿐만 아니라, 어제 일어난 일도 아시고, 오늘 일어날 일도 하시며, 내일, 또 그 이후에 일어날 일들도 아신다.

더 나아가, 그의 지식은 단순한 인식의 수준을 넘어선다. 하나님은 우리의 삶 속에서 일어나는 일을 아실뿐만 아니라 그것이 어떤 의미가 있는지도 아신다. 우리는 모든 것을 이해하지 못하지만, 하나님은 그의 더 큰 계획과 목적을 위해 우리의 삶에서 일어난 일을 어떻게 사용하실지 아신다. 여러 사건들은 서로 연관 없이, 무의미하게 일어나는 것이 아니다. 하나님은 그 일들을 알고 계시며 그의 더 큰 영광을 위해 사용하신다.

하나님의 이러한 속성, 즉 그의 전지하심을 알고 이해하면, 그것이 우리의 개인적인 세상과 더 큰 세상을 바라보는 관점을 변화시킬 수 있다. 우리가 모든 것을 알 수 없다면 모든 것을 아시는 분을 알아야 한다. 그래야 이 삶의 혼란과 혼돈이 우리를 의심과 절망의 소용돌이로 밀어 넣지 않을 것이기 때문이다.

모든 것을 아시는 하나님

우리에게는 더 많이 알고 싶은 마음, 똑똑해지고 싶은 마음이 있다. 그러나 지난 몇 년 동안 나는 이 지식이라는 전체 개념에 대해 몇 가지 사실을 발견했다. 많이 배울수록 내가 알아야 할 것들이 더 많다는 걸 알게 되는 것이다. 나는 또한 이것을 알게 됐다. 모든 것을 다 아는 사람은 없다는 것이다. 과학자는 인체의 복잡한 부분에 대해선 많이 알지만 문학에 대해선 모른다. 작가는 산문에 대해선 잘 알지만 인간의 역사에 대해선 모른다. 역사학자는 역사에 관해선 세부적인 것들을 많이 알고 있지만 미식축구팀에 대해선 모른다. 모든 것을 알고 있는 사람은 없다. 우리가 전지하신 하나님, 즉 모든 것을 아시는 하나님을 예배하는 것이 가능한 일일까? 또 그분이 전지하시다면, 그것이 어떻게 좋은 소식이 되는가?

이 진리를 이해하려고 할 때 시편 139편이 큰 도움을 준다. 그것은 다윗의 모든 시편 중에서 가장 널리 알려진 시편 중 하나이다. 창조주이신 하나님의 능력에 대해 말하며, 14절에서는 우리가 "심히 기묘하게" 지음 받았다고 말한다. 이 본문에서 주목해야 할 것은 단지 우리의 자존감을 높이는 일만이 아니다. 이 시편은 실제로 예배 때 부르는 노래로 사용되었고, 이스라엘 백성들이 하나님의 특별한 속성들을 기억하도록 도와주었다.

하나님이 만물을 지으셨다면, 논리적으로 하나님이 만물에 대한 완전한 지식을 갖고 계신다고 추정할 수 있다. 창조주이신 하나님은 그가 만드신 것을 상세하게 아신다. 새들이 어떻게 날고 바람이 어떻게 부는지는 말할 것도 없고, 광대한 하늘과 땅, 복잡한 양자 물리학, 별의 내파에 대해서도 다 아신다. 그는 또한 우리가 어떤 생각을 하기도 전에 우리의 생각을 아신다. 우리가 언제 눕고 언제 일어나는지 아신다. 우리가 말하기도 전에 무슨 말을 할지 아신다. 시편 139편 6절에서 다윗은 "이 지식이 내게 너무 기이하니 높아서 내가 능히 미치지 못하나이다"라고 선언한다. 다시 말해서, 다윗은 하나님의 지식의 크기를 이해할 수가 없다. 하나님과 같은 분은 아무도 없다.

하나님이 만드신 것에 대한 지식, 하나님을 더 깊이 이해하도록 이끄는 지식을 추구하는 것은 멋진 일이다. 지능의 은사를 키우는 것은 하나님을 영화롭게 하는 일이지만, 주로 개인의 권력을 위해 오만하거나 교만하게 지식을 추구하는 것은 우리의 죄악된 본성에서 비롯된 것이다. 시편 기자처럼 우리는 뒤로 물러서서 이렇게 말한다.

"하나님만큼 많이 아는 이가 없습니다. 하지만 저는 그렇게 되고 싶습니다. 하나님처럼 되고 싶습니다."

그래서 우리는 지식을 추구한다. 우리가 실제로 하나님만큼 많이 안다고, 선택의 문제에 있어서 우리가 우리 자신에게 신이 될 수 있다고, 자신을 속이려고까지 한다. 개인적인 도덕성과 성적인 행위에 대해서, 재정과 말의 문제에 대해서, 윤리적인 문제에 대해서, 우리는 더 잘 알고 있다고 자부한다. 하나님이 정반대의 말씀을 하시는데도, 우리는 그것을 묵

살한다. 우리가 하나님보다 더 많이 알고 있다고 생각하기 때문이다. 우리는 우리에게 가장 좋은 것이 무엇인지 안다. 창세기 2장을 보라.

"동산 가운데는 생명 나무와 선악을 알게 하는 나무도 있더라"
"동산 각종 나무의 열매는 네가 임의로 먹되 선악을 알게 하는 나무의 열매는 먹지 말라 네가 먹는 날에는 반드시 죽으리라"

하나님은 우리를 아시기에 이렇게 말씀하신다.
"네가 실제보다 더 많이 알고 있다고 생각하기 시작하면, 네가 나처럼 행동하려 하면, 즉 네가 선과 악을 아는 척하려고 하면, 너는 멸망할 것이다. 그런 시도는 너를 파괴하고 무너뜨릴 것이다."

혼자 힘으로 선과 악을 아는 사람이 누가 있는가? 우리 가운데 누가 그런 능력을 갖고 있겠는가? 무엇이 선이고 무엇이 악인지를 판단할 수 있는 능력이 있다고 말할 수 있는 사람이 누가 있는가? 나는 그것을 모르기 때문에 그런 자리에 있기를 원치 않는다. 나는 완전히 공정한 것이 무엇인지 모른다. 사람들이 어떤 가치가 있는지 나는 모른다. 특히 내가 다른 사람들의 마음이나 생각을 절대 알 수 없다고 할 때 어떤 행동을 다른 행동과 비교해서 판단할 수 없다. 우리가 누구를 속이겠는가?

그렇지만 그것은 여전히 우리를 유혹한다. 우리는 무엇이 선인지 안다고 생각하고 싶다. 하나님께 이렇게 말하고 싶다.

"네, 하나님. 조언은 감사드립니다. 하지만 전 무엇이 최선인지 알아요. 제 생각에 옳은 대로 할 거에요."

우리는 하나님이 우리보다 더 많이 알 수 없다고 생각하는 것 같다. 우리가 그런 식으로 생각하기 시작할 때 하나님은 우리가 반드시 죽게 될 거라고 말씀하신다. 우리는 그 열매를 먹었고, 결과는 처참했다. 우리의 삶 속에서도 우리는 늘 많은 것을 알기 원한다. 그래서 또 다시 그 열매에 손을 뻗는다. 오직 하나님만 아시는 것을 우리가 알 수 있다고 생각한다. 그러나 우리는 그럴 수 없다.

하나님의 완전한 지식을 신뢰하라

그런 관점에서 우리는 하나님만이 완전한 지식을 갖고 계신다는 진리에 굴복해야 한다. 시편 기자가 "주께서 나의 앞뒤를 둘러싸셨다"고 말하는 것이 바로 그런 의미이다(시 139:5). 하나님의 지식은 완전하다. 요한일서 3장 20절은 하나님이 모든 것을 아신다고 말한다. 이 시대에 우리가 얻을 수 있는 지식의 양은 어마어마하며, 계속 증가하고 있다. 정보가 축적되는 속도가 너무 빨라서 컴퓨터 전문가들은 초당 1조의 연산을 할 수 있는 테라플롭(teraflop) 네트워크를 만들어 가고 있다. 그렇지만 아무리 그래도 우리는 그 목표에 도달하지 못할 것이다. 아무리 성능이 좋은 컴퓨터라도 모든 것을 알 수는 없다. 단지 계속해나갈 뿐이다.

빌 브라이트의 글을 읽어 보자.

대부분의 과학자들은 삶과 우주의 신비를 이해하려고 애쓰며 일생을 보낸다. 그러나 모든 것을 아시는 우리 하나님께는 미스터리가 없다. 그는 인간이 이해할 수 없는 모든 것을 명확히 알고 계신다. 그에게 테라플롭은 아무것도 아니다.

하나님의 지식은 측량할 수 없다. 그것은 너무 높아서 우리가 도달할 수 없다. 그렇게 생각할 때 우리가 모든 것을 알아야 한다는 부담감을 내려놓고 예수 그리스도 안에서 계시된 하나님의 지식에 굴복해야 하지 않겠는가?

그때에 우리의 삶은 변하기 시작한다. 그것은 우리가 세상을 바라보는 관점과 우리의 상황을 이해하는 방식을 변화시킨다. 아기와 엄마가 사망했던 그 병원에서, 나는 그 일의 이유를 몰랐다. 하지만 그 이유를 아시는 분을 신뢰하는 법을 배웠다. 나의 부족한 지식 대신 모든 것을 아우르는 하나님의 지식을 의지하고, 그분의 선하심과 사랑을 신뢰해야만 했다. 그렇게 함으로써 그 순간의 부담과 내가 그것을 이해하지 못하는 것에 대한 마음의 짐이 점차 가벼워졌다. 그때부터 나는 여러 번 그 원칙에 의존해 왔다. 목사로서 나는 종종 이 세상의 무의미한 일들을 접한다. 하나님이 지금 일어나는 일을 아시고 그 일을 통해 역사하신다는 것을 신뢰하지 않았다면 나는 밤새 잠을 못 잤을 것이다. 앞으로 나아가지 못했을 것이다. 그러나 하나님의 전지하심을 믿기에, 나는 모르더라도 하나님은 아신다고 확신하며 나아간다.

하나님께서 우리가 무식하기를 원하신다고 말하는 것이 아니다. 우리가 어떤 지식도 가질 수 없다고 말하는 것이 아니다. 전혀 그렇지 않다. 야고보서 1장 5절은 "너희 중에 누구든지 지혜가 부족하거든 모든 사람에게 후히 주시고 꾸짖지 아니하시는 하나님께 구하라 그리하면 주시리라"고 말한다. 우리는 모든 것을 알 수 없지만, 하나님은 우리가 필요한 것을 알기 원하신다. 그러므로 구하라. 우리의 지식은 불완전하고 항상 그럴 것이지만, 하나님의 지식은 완전하다. 이 세상에서는 내가 이해하거나 알아낼 수 없는 것들이 있다. 그래서 하나님의 전지하심은 삶을 변화시키고 우리를 안심시킨다! 지금부터 하나님이 당신의 삶 속에서 지혜와 지식의 원천이 되시게 하라. 하나님이 말씀하시는 대로 행하라. 즉 하나님이 아시는 것을 따르라. 그러면 당신의 삶에 축복이 임할 것이다.

하나님의 전지하심이 나타내는 것

내가 아는 것이 정말 미미하다는 사실을 받아들일 때 나는 하나님이 모든 것을 아시기를 바란다. 모든 것이 통제 불가능하지 않다는 것을 알아야 하기 때문이다. 내가 모르더라도 믿을 만한 누군가가 있다는 사실을 알아야 한다. 찰스 스펄전은 이렇게 말한다.

우리의 길은 습관적이거나 돌발적일 수 있고, 공개되어 있거나 감춰져 있을 수도 있지만, 지극히 거룩하신 분께서는 그 모든 것을 잘 알고 계신다. 이 진리를 앎으로써 우리는 경외심이 가득하여 죄를 짓지 않고, 용기가 가득하여 두려워하지 않으며, 기쁨이 가득하여 슬퍼하지 말아야 한다.[2]

하나님이 모든 것을 아신다는 것은 대단히 좋은 소식이다! 그것을 아는 우리는 경외심과 존경심이 가득해지며 그로 인해 우리의 행동이 바뀔 수밖에 없다. 그것은 우리가 하나님 모르시게 할 수 있는 일이 하나도 없다는 것을 깨닫게 해준다. 그러므로 우리 자신을 속이는 일은 그만두고 이제부터 순종하자.

우리에게 더 좋은 선택은 하나님의 전지하심이 나타내는 것을 받아들이는 것이다. 하나님은 언제나 우리의 행동들을 알고 계시며, 따라서 그 사실을 인식하고 신실하게 살아가는 것이 실제로 우리를 자유롭게 해준다. 죄가 밝히 드러날 때에야 비로소 구원받고, 자유를 얻고, 그들이 행한 일에 대한 부담에서 벗어난다. 잠깐 동안은 우리가 비밀스럽게 어떤 일들을 할 수 있다는 착각 아래서 살 수 있지만, 하나님의 궁극적인 지식의 빛으로 그 비밀을 가지고 갈 때까지 그 비밀이 우리를 괴롭힐 것이다.

하나님의 전지하심은 또한 우리에게 용기를 가득 부어 준다. 우리가 어떤 일을 만나든지 하나님이 그것을 아시기 때문이다. 당신은 모르는 일에 직면할 수 있으나, 하나님이 그것에 대해 아신다는 것을 이해함으로써 그 일에 직면할 용기가 생긴다. 또 하나님이 아시고 당신을 사랑하시며 당신의 삶을 위한 계획을 가지고 계신다면, 상황과 관계없이 용기와 확신을 얻을 수 있다.

다시 병원에서의 경험을 돌아보면, 나는 하나님의 지식을 신뢰함으로써 그날 이후 계속 살아갈 용기를 얻었다. 정말이지 다시는 다른 환자들을 만나고 싶지 않았다. 그렇지만 나의 부족한 지식은 잊어버리고 하나님의 완전한 지식으로부터 용기를 얻어야만 했다. 즉 하나님은 그가 하고 계신 일을 하시며; 선하시고, 나를 사랑하시며, 결국 모든 일들에 대해 대답해 주실 것이다.

그것은 또한 우리에게 일어나는 일들을 바라보는 관점을 변화시킨다. 우리는 이 세상에서 우리를 쓰러뜨리고, 아프게 하고, 상처 주는 일들을 견디어낸다. 우리를 혼란스럽게 하고 이해할 수 없는 일들이 일어난다. 그럴 때 흔히 "하나님, 어디 계셨어요? 왜 이런 일이 일어나게 하셨어요?"라고 묻는다. 그러나 우리는 이해할 수 없더라도 하나님은 아신다는 것을 알면 평안을 얻을 수 있다. 하나님이 알고 계시고, 그 하나님이 사랑 많으시고 신뢰할 만한 분이시기에, 우리는 용기와 확신을 가지고 앞으로 나아갈 수 있다. 그렇다고 우리가 상처를 받지 않을 거라는 뜻은 아니다. 그렇지만 우리의 부담감을 덜어 준다. 하나님이 아신다면 나는 그를 믿어야 한다. 왜냐하면 내가 알 수 없는 것들이 있기 때문이다.

불행히도 우리는 종종 어떤 일이 일어난 이유를 잘 설명할 수 없으면 그런 일이 일어나서는 안 된다고 믿는다. 우리가 하늘로 손을 뻗어 하나님을 우리 수준으로 끌어내리고, 이렇게 말하는 것이다.

"하나님, 제가 이것을 이해할 수 없으니 하나님께선 저보다 똑똑하지 못하십니다."

당신이 모르는 일을 하나님이 하고 계실 수도 있다고 생각하지 않는가? 당신이 모르는 것들을 하나님은 아신다. 따라서 우리가 맞서는 대신 신뢰하면 슬픔을 거두고 기쁨을 맞이할 것이다.

마리아와 마르다가 예수님께 그들의 죽어 가는 오빠 나사로를 도와달라고 부탁했을 때를 생각해보자. 예수님은 시간에 맞춰 도착하지 않으셨다. 무슨 일이 벌어지고 있는지 예수님은 알고 계셨을까? 그렇다. 마침내 예수님이 도착하셨을 때 마르다는 얼른 달려가 단도직입적으로 예수님께 물었다.

"대체 어디 계셨습니까? 왜 여기로 와 주지 않으셨습니까?"

흥미로운 사실은 예수님이 그 질문들에 답하지 않으신다는 것이다. 예수님은 늦게 오신 이유를 설명하지 않으신다. 그들이 이해할 수 있게 도와주려 하지도 않으신다. 그러나 예수님은 그들과 함께 슬퍼하신다. 그들의 고통을 같이 나누시고, 그다음에 나사로를 살려주신다. 그는 언제나 생명을 주실 것이다. 예수님은 자신이 하고 계신 일을 정확히 알고 계셨다. 그 상황을 알고 계셨고, 그분은 신실하셨다. 마리아와 마르다는 그 모든 것을 이해했을까? 그렇지 않다. 하지만 그들은 그 경험을 하고 나서 하나님의 더 큰 지식을 신뢰하게 되었을 거라고 상상해본다. 하나님의 전지하심은 우리가 세상을 바라보는 관점뿐만 아니라 우리의 삶과 경험과 상황들을 바라보는 관점도 변화시킨다.

하나님은 우리를 어떻게 아시는가

하나님은 모든 것을 아시지만 그 지식은 굉장히 개인적이고 친밀하다. 다윗은 "여호와여 주께서 나를 살펴보셨으므로 나를 아시나이다"(시 139:1)라고 말한다. 그렇다. 하나님은 모든 것을 아시지만, 더 중요한 것은 하나님이 나를 아시고 당신을 아신다는 것이다. 하나님이 우리를 완전히 알고 계신다. J. I. 패커의 글을 읽어 보자.

> 그러므로 최종적으로 지극히 중요한 것은 내가 하나님을 안다는 사실이 아니라 그것의 근간이 되는 더 큰 사실, 즉 하나님이 나를 아신다는 사실이다. 나는 그의 손바닥에 새겨져 있다. 하나님은 결코 나를 잊지 않으시며, 단 한순간도 나에게서 눈을 떼시거나 나에게서 관심을 돌리시지 않으며, 따라서 그의 관심은 단 한순간도 흔들리지 않는다.[3]

우리는 우리가 알 수 있는 사람을 원하지만, 그보다 우리를 아는 사람을 더 갈망한다. 우리의 생각과 감정, 재능, 실패, 결점들을 아시며, 그 모든 것을 아시고도 여전히 우리를 사랑하시는 분을 말이다. 하나님이 바로 그런 분이시며, 그것이 복음의 좋은 소식이다.

우리가 우리의 마음을 그렇게 철저히 보호하고, 다른 사람들이 우리의 과거에 대해 알기를 원치 않는 이유는 그들이 그 정보를 가지고 우리에게 불리하게 사용할까 두렵기 때문이다. 다른 사람들이 우리에 대해 완전히 알아 버리면 그들이 우리를 좋아하지 않을까 두려워한다. 그래서 우리는 다른 사람들에게 알리는 것에 대해 유달리 신경을 쓰는 것이다. 그러나 하나님과의 관계에서는 이것을 두려워할 필요가 없다. 그는 우리에 대해 모든 것을 아시며 그럼에도 불구하고 우리를 사랑하신다. 더 나아가, 하나님은 결코 그의 완전한 지식을 우리에게 불리하게 사용하지 않으실 것이다. 하나님은 우리의 과거를 아신다.

"우리가 아직 죄인 되었을 때에 그리스도께서 우리를 위하여 죽으심으로" (롬 5:8)

우리가 최악이라는 것을 미처 깨닫기도 전에, 하나님은 우리를 사랑하셨고 우리를 위해 죽으셨다. 또 하나님은 우리의 미래를 알고 계신다.

"너희를 향한 나의 생각을 내가 아나니 평안이요 재앙이 아니니라 너희에게 미래와 희망을 주는 것이니라" (렘 29:11)

그 모든 것을 아시고도 하나님은 영원히 우리를 사랑하신다.

당신은 누구를 알고 있는가

예레미야 9장 23-24절에서 하나님은 이렇게 선언하신다.

"지혜로운 자는 그의 지혜를 자랑하지 말라 용사는 그의 용맹을 자랑하지 말라 부자는 그의 부함을 자랑하지 말라 자랑하는 자는 이것으로 자랑할지니 곧 명철하여 나를 아는 것과 나 여호와는 사랑과 정의와 공의를 땅에 행하는 자인 줄 깨닫는 것이라 나는 이 일을 기뻐하노라 여호와의 말씀이니라"

결국 정말 중요한 것은 우리가 무엇을 아느냐, 혹은 이 세상에서 무엇을 알았느냐가 아니라 우리가 누구를 아느냐, 그리고 누가 우리를 아느냐 하는 것이다. 몇 년 전, 미국 상원의원 빌 넬슨에게 미국 상원의 일일 목사로 와달라는 초대를 받았다. 넬슨 상원의원은 내게 그날 하루 종일 의회당을 안내해주었다. 우리는 "상원의원 전용"이라고 쓰인 엘리베이터, 지하철을 탔다. 이런 제한 구역에 들어갈 때마다 넬슨 상원의원은 경비원이나 안내원에게 "이 분은 제 손님입니다."라고 말했다. 내가 넬슨 의원만큼 미국 정부나 공공 정책에 대해 많은 것을 알고 있더라도, 그 구역을 통과하는 데에는 별로 중요하지 않았을 것이다. 의회당에서 중요한 것은 오로지 내가 '누구'를 알고 있으며 '누가' 나를 알고 있느냐 하는 것이었다.

내가 천국 문 앞에 설 때 하나님은 나의 시험 점수를 묻지 않으실 것이다. 내가 이 세상에서 알았던 것에 대해 묻지 않으실 것이다. 그날 병원에서 있었던 일을 이해했는지 묻지 않으실 것이다. 그는 오직 "너는 나를 알았느냐?"고 물으실 것이다. 그때 중요한 것은 내가 무엇을 아느냐가 아니라 누가 나를 알고 있느냐는 것이다. 하나님을 찬양하라. 그가 나를 아신다.

하나님은 당신에 대한 모든 것을 아시며 여전히 당신을 사랑하신다. 나는 당신이 자신의 모든 상황과 경험들을 이해해야 한다는 생각을 버리기를 기도한다. 그런 노력은 당신에게 더 큰 좌절과 불안을 가져다 줄 뿐이다. 당신이 당신 자신의 지식에 의존하지 않고 하나님의 놀라운 전지하심에 의존하기를 기도한다. 그럴 때 당신은 무슨 일이 일어나든 상관없이, 하루하루 평안과 용기와 목적이 충만한 상태로 당신의 인생을 살 것이다. 하나님의 전지하심을 이해함으로써 당신의 세상을 바라보는 관점이 바뀌기를 바란다. 왜냐하면 궁극적으로 하나님이 아시기 때문이다.

너희가 내 말에 거하면 참으로 내 제자가 되고 진리를 알지니
진리가 너희를 자유롭게 하리라 (요 8:31-32)

자유는 담대함에 있다. - 로버트 프로스트

8장

어떻게 하면 내 짐을 벗을 수 있는가?
내려놓는 자유를 발견하라

　2008년 미국 대통령 선거 때였다. 새들백 교회에서는 여러 가지 사회 문제들과 더불어 에이즈 질병 문제에 대해 얘기를 들으려 후보자들을 모두 컨퍼런스에 초청했다. 그랬더니 힐러리 클린턴 상원의원만이 초청을 받아들여 직접 오기로 했다.

　클린턴 상원의원은 그 주제들을 더 잘 이해하기 위해 몇몇 목사들과 미리 만나기를 원했다. 그리고 올랜도 지역의 동료 목사인 윌리엄과 나 역시 그 소그룹에 참여하게 되었다. 그때 상황으로는 그녀의 선거운동이 6개월 동안 한창 진행 중이었고, 당시 그녀는 후보자들 중에서 분명한 선두주자였다. 실제로 만나본 클린턴 상원의원은 매우 피곤해 보였다. 그럼에도 불구하고 그녀는 더없이 정중하고 친절했다. 그녀는 진심으로 우리의 생각과 의견을 물었고, 진지하게 우리의 교회와 사역에 관한 질문을 했으며, 우리가 이야기한 문제들에 대해 그녀의 믿음의 관점에서 솔직하게 이야기했다.

아마 목회자로서의 성향 때문일 수도 있지만, 짧은 만남 동안 나는 그녀가 지고 있는 엄청난 짐에 대한 느낌을 떨쳐 버릴 수가 없었다. 그녀가 소화해 내고 있는 스케줄, 잊지 않고 기억해야 할 정보의 양, 수많은 연설, 계속 친구들이나 가족들과 단절된 채 일해온 긴 시간들을 나는 상상조차 할 수 없었다.

윌리엄과 나는 그 만남에 대해 깊이 이야기를 나누었다. 한 사람이 그런 위치에서 그 무거운 짐을 어떻게 감당할까, 그것도 가족과 친구들의 어떤 지원도 없이 혼자서 그 일을 해야 할 때는? 그녀는 잘 견뎌내고 있었지만, 나는 이런 생각이 들었다. 대체 어떻게 하면 그녀가 그 모든 짐들을 내려놓을 수 있을까?

나는 그 일에 대해 생각하면 할수록 그것이 나 자신에게 해야 할 좋은 질문이라는 걸 깨달았다. 물론 당신과 나는 대통령 후보자가 아니다. 하지만 그렇다고 해서 우리 삶의 무게가 가벼운 것은 아니다. 당신도 짐이 있고 나도 짐이 있다. 그것은 우리가 짊어진 짐들이며 우리의 삶에 영향을 끼친다. 그 짐들을 처리하는 법을 발견하지 못하면, 그 무거운 짐에서 벗어날 길을 발견하지 못하면, 결국 그 짐들이 우리를 짓누르게 될 것이다.

모든 사람에게 한두 가지 짐은 있다

아무런 짐 없이 살아가는 사람은 없다. 하나님은 그것을 약속하지 않으셨다. 하나님은 우리에게 아무 짐 없는 삶을 약속하지 않으셨지만, 어떻게 하면 그 짐들로부터 자유를 얻을 수 있는지에 대해 몇 가지 단서를 주셨다. 그러나 많은 사람들이 그것을 이해하지 못한다.

우리는 마치 공항에서 온 사람들처럼 살아간다. 즉 식당, 서점, 화장실 등, 어딜 가든 여러 가지 가방들을 끌고 다니는 사람들 같다. 그들은 불편한데도 그걸 끌고 돌아다니다가 지친다. 그것은 우리의 삶을 잘 보여주는 그림이다. 나는 그 사람들에게 다가가 이렇게 말하고 싶다.

"그냥 내려놓으세요. 짐을 내려놓으세요."

요한복음 11장은 이것을 잘 보여준다. 나사로가 죽었다. 그럼에도 예수님은 단념하지 않고 기도하시고는 큰소리로 "나사로야 나오라!"고 외치셨다. 그러자 무슨 일이 일어났는가?

"죽은 자가 수족을 베로 동인 채로 나오는데 그 얼굴은 수건에 싸였더라 예수께서 이르시되 풀어 놓아 다니게 하라 하시니라" (44절)

나사로는 죽었지만, 예수님은 그를 다시 살려 주셨다. 그러나 그는 여전히 매여 있었다. 아직 자유롭지 않았다. 예수님은 나사로의 옆에 있던 사람들에게 수족을 맨 베를 풀어 주어 그가 다닐 수 있게 하라고 지시하

서야만 했다. 본질적으로 예수님은 나사로의 옆에 있던 사람들에게 이렇게 말씀하신 것이다.

"그를 묶고 있는 것에서 자유롭게 해주어라."

이것은 우리의 모습을 잘 나타낸다. 우리는 예수님에 의해 다시 생명을 얻었다. 우리 죄의 암흑에서 구원을 받았고, 하나님의 사랑과 은혜 안으로 들어갔다. 우리는 자유롭다! 나는 그것이 우리의 진정한 정체성의 한 부분이라고 믿는다. 우리는 노예가 아니다. 하나님의 사랑과 은혜를 따라 자유로운 사람으로 살아야 한다.

그런데 슬프게도 우리는 그리스도 안에서 살아 있지만, 여전히 매여 있다. 우리의 진정한 정체성은 우리가 짊어진 짐의 무게에 눌려 꼼짝을 못한다. 마음이 편안해질 방법을 찾지만, 발견하지 못하거나 아니면 우리의 비참한 상태에 안주하여 짐들을 내려놓으려 하지 않는다. 어떻게 하면 그 짐들을 내려놓고 삶 속에서 자유를 발견하여 진정한 삶을 살아갈 수 있을까?

자유에 대한 갈망

몇 년 전 우리 지역 교도소의 남자 수감자들을 찾아가 가르치는 일을 한 적이 있다. 그곳에서 제일 먼저 눈에 띄는 것은 강력한 보안이다. 어딜 가나 간수들이 있고, 그들은 하나같이 위협적인 얼굴을 하고 있다. 우리는 개인적인 소지품들은 뒤에 남겨놓고 금속탐지기를 통과했다. 거기서는 조정실에 있는 사람들이 우리의 명찰을 볼 수 있도록 카메라 앞으로 걸어가야 했다. 그때 우리 앞에 있는 커다란 금속 문이 덜컥 소리를 내며 천천히 열렸다. 우리는 모두 긴 복도로 들어갔고, 그 후 우리 뒤에서 문이 닫히는 소리가 들렸다. 자물쇠가 잠기면서 삐걱거리는 소리가 났다. 그 소리는 마치 우리가 어디에 와 있는지를 상기시키는 양 온 복도에 울렸다.

나는 불안감을 느꼈고 곧 그 이유를 알았다. 교도소에는 나의 삶 속에서 경험하는 다른 것들과는 완전히 다른 무언가가 있었다. 자물쇠가 보통 어디에 위치해 있는가? 우리 집 문에 있는 자물쇠는 안쪽에 있다. 그런데 교도소는 그렇지 않다. 내가 문이 잠기는 소리를 들었을 때 갑자기 깨달은 것은 그곳의 자물쇠가 바깥쪽에 있다는 것이었다. 심히 불안해지기 시작했다. 나는 그 안에 갇힌 것이다.

우리는 모두 어느 정도 그런 상태에 있지 않은가? 자유를 갈망하지만 자물쇠를 찾을 수가 없다. 웹스터 사전은 자유를 이렇게 정의한다.

> 자유로운 특성이나 상태; 불가피한, 강요, 또는 제약이 없는 상태; 노예 상태나 규제, 또는 다른 사람의 힘으로부터 해방되는 것.[1]

그 정의에 근거하여 다음과 같은 질문을 할 수 있다. 제약이 없는 것이 진정 우리를 자유롭게 하는가?

결혼한 지 21년 되어 세 자녀를 둔 42살의 남자가 자신의 새로운 사랑과 함께 살기 위해 아내와 자식들을 떠난다. 그의 목회자와 마주쳤을 때 그는 이렇게 말했다.

"저는 제가 원하는 대로 할 자유가 있습니다."

그 사람은 정말 자유로울까? 진정 자유롭다는 것은 무엇을 의미하며, 우리는 어디서 자유를 발견하는가?

어떤 사람은 우리가 마지막으로 바라보는 곳이 믿음이라고 말한다. 크리스토퍼 히친스는 "종교란 본래 인간이 다른 사람들을 자유롭게 하는 것이 아니라 통제하기 위해 만든 것"이라고 주장한다.[2] 미셸 옹프레는 "그 모든 것은 창세기에서 비롯된 고대의 교훈으로 시작되었다. 즉 인간은 지각을 추구하는 것이 금지되어 있다."[3]라고 한다. 이들의 말에 따르면, 믿음은 당신을 속박하고 실제로 삶이 주는 것들을 알지 못하게 하는 규율들에 관한 것이다. 하나님은 당신의 자유를 막으려 하신다. 그것이 흔히 사람들이 기독교 신앙을 멀리하는 이유이다. 그들은 하나님이 그들을 자유롭게 해주는 것이 아니라 그들의 손을 묶어 두려 하신다고 생각한다. 창세기 3장에서 하와의 귀에 대고 속삭였던 뱀처럼 이렇게 말하는 우리 시대의 목소리를 듣는다.

"정말로 괜찮아. 넌 그 열매를 먹어야 해. 너 자신을 위해 살아. 네 스스로 결정을 내리는 것이 널 진정으로 자유롭게 만드는 거야."

진정한 자유를 발견하라

요한복음 8장에서 몇 가지 답을 발견할 수 있다. 만일 우리가 우리의 짐들 때문에 얽매이거나 제한되지 않고 그리스도 안에서 자유를 얻은 사람으로서 우리의 정체성을 따라 살기 원한다면, 당연히 그 자유의 근원, 즉 그 자유의 원천을 이해할 필요가 있다. 자유를 추구하는 것은 인간의 경험 속에 늘 있었고, 예수님 시대에도 다르지 않았다. 유대인들은 율법의 요구에 미치지 못하는 것에 대해 끊임없는 부담감을 가지고 살았다. 따라서 그들의 믿음은 기쁨이나 격려가 아니었다. 대신 그들은 제도의 무게에서 벗어날 방법을 알아내려 했다. 그런데 예수님이 나타나 기적을 행하시며 하나님이 그의 아버지라고 선언하실 때 그들이 얼마나 호기심을 가졌을지 상상해보라. 예수님은 말씀하신다.

"너희가 내 말에 거하면 참으로 내 제자가 되고 진리를 알지니 진리가 너희를 자유롭게 하리라"(요 8:31-32)

그렇다. 여기에 열쇠가 있다. 진리를 아는 것이 우리를 자유롭게 해준다. 따라서 자유를 얻기 원한다면 진리를 발견해야 한다. 하나님은 진리이시다. 하나님의 본성이 진리이시다. 하나님의 존재의 핵심 요소가 참되고 옳은 것이다. 그 안에는 거짓이나 오해의 소지가 있거나 강압적인 것이 없다.

예수님은 요한복음 14장 6절에서 정확히 말씀하신다.

"내가 곧 길이요 진리요 생명이니"

그는 우리의 결정의 기준이시며, 그 기준은 절대로 변하지 않는다. 그러나 우리 세상에서는 정반대의 것이 인정받고 있다. 우리는 진리가 상대적인 것이라는 말을 듣는다. 진리는 하나의 객관적인 기준에 의해 결정되는 것이 아니라, 각 사람의 주관적인 척도에 의해 결정되는 것이다.

항상, 절대적으로 참인 것들이 있다. 시각의 절대적 기준은 그리니치 표준시다. 아무도 그것에 이의를 제기하지 않는다. 만일 토목기사들이 그들 자신의 저울과 자의 기준을 각각 결정하게 한다면 어떻게 될까? 측정의 절대적 기준을 따르지 않았기 때문에 도로와 건물들은 무너질 것이다. 우리는 절대적 진리들이 존재하지 않는다고 말하지만, 매일 우리의 세계가 붕괴되지 않게 유지해 주는 절대적 진리들에 의존하고 있다. 영적인 세계라고 왜 다르겠는가?

리처드 도킨스는 진리의 유일한 기준은 우리 주변의 자연세계로부터 배울 수 있는 것과 더불어 과학이 정량화하여 보여 주는 것이라고 말한다. 그는 우리의 감각들이 새로운 데이터를 인식하게 해주는 새로운 도구들을 통해 새로운 진리를 발견한다고 말한다.

그런데 희한한 것은 하나님을 인식하는 것과 관련해서는 우리의 신체

감각들을 부인하면서도, 과학이나 실체를 이해하는 것과 관련해서는 그 감각들을 믿는다는 것이다. 바로 그것이 문제다. 이 새 기계들은 누가 만들었는가? 우리가 만들었다. 그것들의 데이터는 누가 해석하는가? 우리가 한다. 따라서 그 기계들은 우리의 제한된 감각들과 똑같은 문제들에 취약하다. 우리가 그것들을 만들었고 그들의 데이터를 해석하기 때문이다. 감각의 인식은 속을 수 있다. 우리가 완벽하지 않기 때문에 우리가 참이라고 생각하는 것이 사실은 거짓일 수 있다.

도킨스는 이렇게 말한다.

인간의 두뇌는 최고의 시뮬레이션 소프트웨어를 운영하고 있다.[4]

다시 말해서, 인간의 뇌는 자신이 참이길 원하는 것을 가장하도록 자신을 훈련시키기 때문에 인간의 감각을 신뢰할 수 없는 것이다. 바로 그것이 그의 주장의 모순이다. 최고의 도구들과 가장 신뢰할 만한 데이터, 가장 순수한 환경이 있어도, 우리의 불완전한 감각은 진실보다는 우리가 보고 싶은 것만 볼 것이나. 과학의 영역에서도 그것은 여전히 우리에게 돌아간다. 즉 우리의 감각과 판단, 우리의 기계들에 달려 있는 것이다. 우리가 불완전한 사람일진대, 어떻게 우리의 감각과 인식과 해석이 항상 완전할 거라고 추정할 수 있겠는가? 그럴 수 없다. 과학자들이 옳을 때도 많지만, 그들이 진리의 기준은 아니다.

우리에게 필요한 것은 우리 자신 밖에 있는 기준이며, 그 진리의 기준은 본질적으로 완전히 진실하신 분이다. 즉 그는 예수 그리스도 안에서 나타나신 우리의 살아 계신 하나님이다. 그가 진리이시며, 감사하게도 그는 우리가 알 수 있는 분이다.

진리와 자유

진리를 아는 데서 자유를 발견할 수 있고, 하나님이 진리이며, 우리가 하나님을 안다면, 우리는 매우 좋은 소식을 발견한 것이다. 진리와 자유 간에는 참으로 아름답고 지울 수 없는 관계가 있다.

예수님은 요한복음 8장 32절에서 이렇게 말씀하신다.

"진리를 알지니 진리가 너희를 자유롭게 하리라"

무엇이 우리를 자유롭게 하는가? 바로 진리다. 누가 진리인가? 하나님이다. 그것은 우리에게 무엇을 말해 주는가? 우리를 속박하는 자물쇠가 밖에 있는 것이 아니라 안쪽에 있다는 것이다. 자유는 우리의 손이 미치는 곳에 있다. 우리가 자유를 얻기 위해 할 일은 하나님이 계시해 주신 진리를 따라 사는 것이다. 그것이 열쇠다. 그토록 많은 사람들이 속박된 채 살아가는 이유는 그 열쇠를 사용하지 않거나 이해하지 못하거나 거부하기 때문이다. 우리는 우리 자신의 선택에 의해 갇혀 있다. 그리스도 안에서 우리에게 주어진 진리를 거부하는 한, 우리의 자유를 향한 문은 절대로 열리지 않을 것이다.

그것은 사실 복잡하지 않다. 하나님이 자신을 알리기 원하신다. 그는 숨으려 하지 않으신다. 그는 진리이다. 우리가 그를 안다면 진리를 아는 것이며, 거기서 자유를 발견할 것이다. 자유와 진리는 함께 오며, 하나님의 본성 안에서 발견된다. 하나님은 누구인가? 그는 진리, 절대적이고 완전한 진리이시다. 그의 진리는 우리를 자유로 인도한다.

개인적인 순종의 어려움

그리스도 안에서 자유로운 자로서 우리의 진정한 정체성을 따라 살기 위해 중요한 요소가 한 가지 더 있다. 하나님은 우리가 그 길을 갈 것인지 결정을 해야 한다고 분명히 말씀하신다.

"너희가 내 말에 거하면…… 진리를 알지니" (요 8:31, 32)

이 과정의 마지막 요소는 우리가 기꺼이 하나님의 진리에 복종하는 것이다. 우리 자신의 교훈이 아니라 하나님의 교훈을 지키고 따라야 한다. 그는 진리이시며, 우리가 그 진리를 따라 살 때 자유를 발견할 것이다. 그러나 우리는 여전히 순종하지 않기를 선택할 수 있다.

나는 그것이 그리 자유롭게 들리지 않는다는 것을 인정한다. 원점으로 돌아가 율법의 노예가 되어 살아야 할 것만 같다. 그러나 그렇지 않다. 이렇게 생각해보라. 이 세상에서 참으로 자유로운 사람은 아무도 없다. 사람들은 자신이 자유롭다고 말할 수 있지만 그렇지 않다. 우리는 모두 자연의 법칙에 구속을 받는다. 나는 중력으로부터 자유롭지 않다. 또 살고 있는 나라의 법에 의해 구속을 받는다. 내 몸의 신체적 한계에도 구속을 받는다. 나는 자유롭게 날 수 없다. 죽음에도 구속을 받는다. 영원히 살 자유가 없다.

따라서 아무도 진정으로 자유롭지 못한 것이 현실이라면, 우리가 할 일은 우리에게 가장 큰 자유를 주는 법체계를 발견하여 그 안에서 사는 것이다. 그 가장 큰 자유는 바로 하나님이 약속하신 풍성함 속에서 사는 자유이다.

그러나 올바른 체계를 발견하기란 매우 어렵다. 여러 가지 주장들이 서로 상충하고 있기 때문이다. 때문에 더욱 기본으로 돌아가자. 우리를 만드신 하나님께 진리를 발견할 수 있고 우리가 그 진리로 말미암아 자유와 생명을 발견할 수 있다고 말씀하신다면, 나는 바로 거기서 시작할 것이다. 나는 하나님의 말씀에 순종할 것이다. 요한일서 1장 8절은 "만일 우리가 죄가 없다고 말하면 스스로 속이고 또 진리가 우리 속에 있지 아니할 것이요"라고 상기시켜 준다.

한 가지 예를 들어 보겠다. 물고기를 키우려던 소년의 이야기다. 어머니께 여러 종류의 물고기와 넓은 어항을 선물 받은 소년은 매우 기뻤다. 그러나 1시간 뒤, 소년이 자기 방에서 나와 힘없이 소파에 털썩 앉는다. 어머니가 아들에게 이유를 물었다.

"물고기들이 저랑 노는 것을 더 이상 즐거워하지 않아요."

"왜?" 하고 어머니가 묻는다.

"처음엔 좋았어요. 물고기들을 내 침대 위에 올려놓았더니 팔딱거리며 놀면서 재미있어 했어요. 그런데 지금은 모두 가만히 누워만 있어요."

물고기는 특정한 환경에서, 즉 물 속에 있을 때 자유롭게 살 수 있다. 물고기는 물의 범위 내에서 살 때 하나님이 계획하신 모습대로 살아갈 자유가 있는 것이다. 우리는 하나님이 우리를 위해 만드신 환경 속에서 살고 있다. 우리 모두가 하나님의 말씀에 순종한다면 세상이 어떻게 될지 잠시 생각해보라. 사라질 모든 사회적 문제들을 생각해보라. 가벼워질 모든 짐들을 생각해보라. 세상은 여전히 타락해있기에 삶이 완벽하진 않을 것이다. 그러나 적어도 우리 자신의 짐까지 더해서, 이 타락한 세상에서 인생의 짐을 더 늘리지는 않을 것이다.

성적인 문란함과 동성애 문제로 씨름하는 사람들을 많이 알게 된 건 나의 특권이었다. 그들은 자신들의 행동이 괜찮다고 믿으려고 애를 썼지만 그 안에서 자유를 발견하지 못했다. 그것은 그들이 생각했던 것만큼 풍성한 삶을 가져다주지 않았다. 그 결과는 자유가 아니라 속박이었다.

마약과 술이 괜찮다고 주장하는 사람들이 있었다. 가끔씩 취하는 게 무슨 대수인가? 그들이 스스로를 속이고 진리를 부정하는 한, 그들은 속박 속에 살았다.

오로지 자신만을 위해 살고, 자기만의 세계에 몰입하고, 무정하고, 무심하고, 개인적으로나 재정적으로 나눔의 필요성을 모르는 사람들이 있었다. 당신은 돈에 대해서 얼마든지 자신을 속일 수 있다. 그러나 당신이 하나님의 진리와 동떨어져 산다면, 당신을 자유롭게 해줄 거라고 생각했던 그것이 당신을 구속할 것이다.

당신이 자유를 찾을 수 있는 유일한 길은 나눔에 대한 하나님의 진리를 따라 사는 것이다.

영적인 자유가 아닌 것

이 장을 마무리하기 전에, 어쩌면 당신이 쉽사리 꺼내지 못하는 문제를 다루려고 한다. 짐을 벗고 자유를 찾는 것에 관한 장을 읽기 시작했을 때 당신은 현재의 상황이나 고통에서 벗어나게 해줄 공식 같은 걸 기대했을지도 모른다. 영적인 자유는 그런 것이 아니다. 영적 자유는 개인적인 문제들이 없는 것을 뜻하지 않는다.

내가 실직의 짐을 짊어지고 있더라도, 그리스도 안에서 내게 주어진 자유는 그 상실에 얽매이지 않고 계속 앞으로 나아가게 해준다. 나는 내가 하는 일로 말하는 것이 아니다. 나는 그리스도께서 만드신 자다. 그러므로 나는 고개를 푹 숙이고 내가 쓸모없는 사람이라고 믿지 않을 것이다. 그것은 속박이다.

자유는 진리를 아는 데서 온다. 진리는 내가 왕의 자녀라는 것이다. 나는 육체적인 연약함이나 질병의 짐을 지고 있을지 모르나, 그리스도 안에서 내게 주어진 자유는 내 삶이 신체적 활동 이상의 의미가 있음을 알게 해준다. 나의 육체적 한계와 상관없이 매일 사람들을 섬길 때 하나님은 나의 삶에 목적과 의미를 불어넣어 주셨다.

자유는 진리를 아는 데서 온다. 진리는 나의 삶에 목적이 있다는 것이다. 나는 하나님의 영광을 위해 하나님의 손 안에 있는 도구이다. 내가 슬프다고 해서 내 인생이 붕괴되도록 내버려두지 않을 것이다. 내가 사랑했던 사람이 여전히 여기에 있는 것처럼 행동하지 않을 것이다. 그것은 속박이다. 희망과 기대를 가지고 그날을 기다리며, 성경에서 받은 천국의 비전을 바라볼 것이다.

자유는 진리를 아는 데서 온다. 진리는 예수 그리스도가 죽음을 이기셨다는 것이다. 그것은 모든 고통이 사라졌음을 의미하지 않지만, 나는 그 고통에 매여 있지 않다. 나의 자유는 그리스도와 그의 부활에 대한 소망 안에 있다.

하나님은 "눈먼 자들의 눈을 밝히며 갇힌 자를 감옥에서 이끌어 내며 흑암에 앉은 자를 감방에서 나오게" 하기 위해 오셨다고 말씀하신다(사 42:7).

그 말씀을 들은 우리는 얼마나 기뻐해야 하는가? 그러나 오랫동안 갇혀 지냈을 경우, 당신이 자유롭다는 것을 믿기 어려울 때가 있다. 처음에는 불가능해 보인다. 우리의 첫 번째 반응은 종종 이렇다.

"이런 일이 정말 있을 수 있습니까?"

그렇다. 있을 수 있다. 당신은 자유롭다. 정말이다. 하나님은 진리이시다. 당신이 하나님을 알고 그의 진리대로 살 때 당신은 자유롭다. 그리스도의 죽음을 통해 당신이 짊어진 모든 짐들로부터 자유로워졌다. 그의 부활로 말미암아 그 짐들을 내려놓을 수 있게 되었다.

십자가에 못 박히신 그리스도는 다정하고 사랑스럽게 그 짐들을 들어 주신다. 그는 당신의 귀에 속삭이신다.

"짐들은 내가 가져갈게. 어서 가자. 넌 자유롭단다. 이것들이 너의 정체성을 결정하지 않는다. 이것들은 결코 너의 미래를 결정하지 않는단다. 내가 너를 자유롭게 했으니, 내가 만든 너의 모습으로 돌아가렴."

하나님의 음성을 들을 때 짐이 가벼워진다. 우리의 어깨가 편안해진다. 물론 그 짐들이 마법처럼 갑자기 사라지는 것은 아니지만, 무게가 다르다. 그것들이 더 이상 우리의 정체성을 결정하지 않는다. 더 이상 우리에게 큰 힘을 행사하지 못한다. 더 이상 우리의 미래를 규정하지 못한다. 그 시점 이후로 우리의 반응이 달라진다. 하나님의 말씀에 기꺼이 순종함으로 반응한다. 우리가 짊어져야 할 짐이 아니라 삶의 경계선을 정해 주는 선물로 하나님의 말씀을 받아들인다.

우리 자신을 알기 원한다면 먼저 우리를 만드신 하나님을 알아야 한다. 그는 자신이 진리임을 계시하셨다. 그의 진리는 우리를 자유롭게 하는 것이다. 우리는 그것을 거부할 수도 있고, 아니면 우리의 진정한 정체성의 경계선 내에서 살기로 선택할 수도 있다. 좋은 소식은 우리가 자유롭다는 것이다. 너무나 오랫동안 우리 자신에게 인질로 잡혀 있었던 우리는 그 말씀이 얼마나 기쁘고 놀라운 것인지를 알아야 한다.

너희를 부르시는 이는 미쁘시니 그가 또한 이루시리라(살전 5:24)

우리는 다양한 모습으로 여기저기 흩어져 있었으나,
신실함으로 한데 모여 우리 자신 안에서 화합을 이룬다. - 성 어거스틴

사람들은 왜 나를 실망시킬까?
하나님의 신실하심은 우리의 신뢰를 회복시킨다

학창시절, 머리 목사님은 "평상시 대화에서 한 약속을 어떻게 지키는지 보면 그 사람의 인격을 알 수 있다"고 하셨다. 즉 당신이 전화를 하겠다고 했으면 전화를 하라. 점심을 같이 먹고 싶다고 말했으면 계획을 세우고 시간을 정하라. 어떤 행사에 참석하겠다고 말했으면 반드시 가라. 오늘날은 이러한 인격이 사라진 듯하다. 이제 '신실함'이라는 단어는 자주 사용되는 단어가 아니다. 신실함은 일반적인 것이 아니게 되었다. 오히려 우리는 정반대의 것에 익숙해졌다. '배신', '불성실', '부정' 같은 단어들이 더 두드러진다. 신실한 사람들, 약속을 지키는 사람들, 자기가 한 말대로 행하는 사람들은 거의 찾아보기 어렵다.

그래서 우리는 다른 사람들에 대한 불신을 키운다. 우리는 케이블 설치 기사가 약속한 시간에 올 거라고 믿지 않는다. 우리의 스포츠 영웅들이 실제로 영웅답게 행동할 거라고 믿지 않는다. 청구된 가스 요금이나 세금의 가치를 믿을 수 없다. 정치인들이 하겠다고 말한 공약을 실천할 거라고 믿을 수 없다. 또한 우리는 인간이기 때문에 서로를 온전히 신뢰할 수 없는 것이 현실이다. 우리는 항상 서로를 실망시킬 것이다.

이렇게 신실함이 부족한 것은 부분적으로 신앙과 하나님을 바라보는 우리 문화의 관점 때문이다. 우리는 서서히, 그러나 효과적으로 하나님을 주변으로 밀어내왔다. 하나님은 더 이상 우리 사회의 사회적 가치와 도덕적 선택의 기초로 여겨지지 않는다. 우리로 하여금 다른 사람들을 돌아보고 사랑하게 만드는 기초가 없으니, 그저 자신에게만 관심을 쏟는다. 자신의 삶을 더 좋게 하는 것만이 동기 부여가 된다.

그러다보니 스스로의 말을 번복해도 상관없는 것이 되었다. 자신에게 가장 좋은 일을 한 것이니 말이다. 예를 들면 만일 내가 큰 규모의 부동산 매매를 해야 하는데 그것이 나의 사업 파트너들 중 한 명을 배신하는 일이라면, 그래도 상관없이 진행할 것이다. 그게 나에게는 가장 좋은 일이니까. 문화적으로 우리는 신실함을 지지해 주는 기초가 없다. 그래서 신실함을 점점 더 보기 힘든 것이다.

자연히 이것은 우리의 정체성에 엄청 부정적인 영향을 끼친다. 우리에게 신실한 사람은 아무도 없다. 우리는 배타적이 되며, 배신당하지 않도록 다른 사람들과의 관계에서 안전거리를 둔다. 그것이 맞을 수도 있지만, 우리는 또한 삶을 의미 있게 만드는 것들과도 거리를 두게 된다. 바로 사랑, 공동체, 함께 나누는 경험, 지지, 책임 같은 것 말이다. 우리의 정체성은 두려움과 불신, 그리고 우리가 다른 사람의 충성을 받을 만큼 가치 있는 존재가 아니라는 뿌리 깊은 신념 속으로 녹아 들어간다.

만일 우리가 아무도 신실하지 않다고, 심지어 하나님도 신실하지 않다고 믿는다면, 우리의 정체성은 절대적이고 완전한 통제를 받게 된다. 우리는 주의를 기울여 담을 쌓고, 그것을 강하게 유지하기 위해 엄청난 감정적, 정신적 에너지를 소비한다. 우리의 삶 속에서 일어나는 모든 일에 대해 강박적이 된다. 모든 사람이 결국은 우리를 배신할 거라는 근본적인 신념 때문이다. 각자 자기 일은 자기가 알아서 해야 한다. 따라서 우리는 그런 세상에서 살아남기 위한 장치를 구축한다. 아무도 신뢰할 수 없다면, 그리고 하나님도 그 등식에서 제외시킨다면, 믿을 수 있는 건 오직 우리 자신뿐이다.

그러면서도 여전히 우리는 신실함을 갈망한다. 희미하게라도 그것이 보이면, 마치 다이아몬드라도 발견한 듯이 그것에 집착한다. 우리는 신실함을 동경하는 것이다. 우리는 온전히 믿고 신뢰할 수 있는 사람을 찾고 싶은 마음이 간절하다. 감사하게도 데살로니가 5장 24절에서 단언하듯이, 우리에겐 그런 분이 있다. 바로 하나님이다. 하나님은 신실하시다. 바울은 하나님이 약속하신 대로 행하실 거라고 말한다. 우리는 그것을 믿을 수 있다. 그러나 솔직히 말하면 이에 대해 우리의 마음은 한쪽에선 '정말 다행이야'라고 생각하면서도 다른 한편으로는 '정말 믿을 수 있을까?'라고 의심하곤 한다.

하나님과의 씨름

우리는 성경을 읽고 그 약속들을 들으며 성경 공부를 하고 설교를 듣는다. 그리고 그것이 사실이라고 믿고 싶어 한다. 그러나 정말로 이것이 사실이라고 믿는가? 우리는 그것을 믿기 원하지만 그와 정반대인 듯한 증거들과 씨름할 때가 많다.

하나님이 루이지애나에 허리케인이 덮치도록 허락하셔서 수많은 사람들이 생명을 잃고 몇 달 동안 거처 없이 제대로 먹지도 못하고 지내야 했을 때 하나님은 신실하셨는가? 또 신실한 그리스도인의 다섯 살 아이가 안전벨트를 하고서도 교통사고로 세상을 떠나게 되었을 때 하나님은 그에게 신실한 분이셨는가? 그런 사건들에 나는 이렇게 물을 수밖에 없다.

"하나님, 저는 하나님이 신실하시다고 믿고 싶습니다. 그러나 정말 그렇습니까?"

하나님의 신실하심에 대한 의심 때문에 실제로 많은 사람들이 믿음을 버린다. 그들은 어떤 일이 생기면 '그래, 하나님과 끝을 내야지. 하나님은 책임을 다하지 않으셨어.'라고 결심한다. 그것은 하나님에 대한 믿음에 있어 사람들이 직면하는 커다란 장애물이다. 그들은 '하나님은 자신이 신실하다고 말씀하시지만 나는 그 반대의 증거를 보고 있어. 내가 그걸 믿어도 되는지 잘 모르겠어. 그러니까 나는 헌신하지 않을 거야.' 하고 생각한다.

또 우리가 이 문제로 씨름하노라면 세상 문화의 목소리가 끼어들어 우리의 두려움을 공격한다. 우리는 하나님을 믿는 것이 불합리하며, 제대로 된 사고를 못해 지적이지 못한 사람들만 믿을 수 있다는 생각이 든다. 우리가 하나님의 본성을 깊이 알아 욥처럼 이렇게 말할 수 있을까?

> "주신 이도 여호와시요 거두신 이도 여호와시오니 여호와의 이름이 찬송을 받으실지니이다"(욥 1:21)

하나님의 신실하심

데살로니가전서 5장 23-24절에 비추어 이 문제들을 살펴보기 원한다. 이 말씀은 바울이 이와 같은 문제들로 씨름하고 있는 데살로니가 교회에 보낸 편지다. 그리스도인들은 바울을 위협하고 마을에서 쫓아낸 사람들의 악랄함을 보았고, 유대인들과 그리스도인들 간의 원색적인 갈등을 보았으며, 생명이 위협당하고 가족이 흩어지는 것을 보았다. 우리가 들은 모든 약속을 그들도 똑같이 들었기에, 자연히 이런 의문을 가질 수밖에 없었다.

"이런 일들이 벌어지고 있는데, 우리가 이 믿음을 위해 목숨을 건다면 하나님이 정말 신실함을 보여 주실까?"

그들도 그 문제로 씨름했고 우리도 그 문제로 고민하고 있다. 그래서 하나님이 그의 신실하심에 대해 무엇을 보여 주시는지 알려면, 바울의 글을 읽고 이 진리의 맥락을 살펴보는 것이 중요하다. 바울의 주된 주장은 하나님이 본래 신실하시다는 것이다. 신실함은 하나님의 완전함의 한 부분이다. 성경 말씀은 이 사실을 거듭 상기시켜 준다.

"네 하나님 여호와는 하나님이시요 신실하신 하나님이시라" (신 7:9)

"그가 행하시는 일은 다 진실하시도다" (시 33:4)

"그의 성실하심이 대대에 이르리로다" (시 100:5)

"주는 기사를 옛적에 정하신 뜻대로 성실함과 진실함으로 행하셨음이라" (사 25:1)

"하나님은 미쁘시도다" (고전 1:9)

"너희를 부르시는 이는 미쁘시니" (살전 5:24)

"주는 미쁘사" (살후 3:3)

"백마와 그것을 탄 자가 있으니 그 이름은 충신과 진실이라" (계 19:11)

신약성경, 구약성경에는 문맥이나 상황과 상관없이 모든 일에 있어 하나님이 신실하신 분으로 나타나 있다. 하나님의 영원한 신실하심은 또한 우리의 믿음 없음을 드러낸다. 그는 신실하시며, 우리의 본성은 그렇지 않다. 호세아에서는 우리가 음란하고 음행을 행한다고 말한다. 디모데후서 2장 13절은 "우리는 미쁨이 없을지라도 주는 항상 미쁘시니"라고 말한다. 우리는 그것이 사실임을 알고 있다. 하나님은 신실하시며, 당신은 실제로 자신이 생각하는 것보다 더 많이 이것에 의존하고 있다. 우리가 하나님을 창조주로 믿는다면, 그가 피조물을 지탱하고 계신다는 것에도 동의해야 할 것이다. 당신은 매일 아침 일어날 때 해가 뜨지 않을까, 밤이 지나고 아침이 오지 않을까 두려워하지 않는다. 하나님의 신실하심이 그렇게 하실 거라고 믿고 있다. 밤에 잠자리에 들 때는 하나님이 아침에 당신을 깨워 주실 거라고 믿는다. 겨울이 지나고 봄이 오지 않을까 불안해하거나 걱정하지 않는다. 풀에서 다시 초록 잎이 나올까, 긴 동면 후에 꽃들이 다시 피어날까 의심하지 않는다. 하나님은 우리에게 그가 신실하시다고 말씀하셨고, 그가 만드신 피조물의 리듬과 주기를 통해 우리는 그의 신실하심을 볼 수 있다.

하나님의 신실하심의 범위와 목적

하나님의 신실하심을 이해하는 데 있어, 우리는 그 범위에 대해 제멋대로 단정하지 않도록 조심해야 한다. 즉, 그의 계획과 목적에만 신실하실 수 있다는 뜻이다. 하나님은 악한 일, 그 자신을 부정하는 일에 충실하실 수 없다. 따라서 모든 일에 신실한 것이 아니라, 하나님의 본성의 한계 내에서 신실함이 나타나는 것이다. 시편 33편 10-11절은 이렇게 말한다.

"여호와께서 나라들의 계획을 폐하시며 민족들의 사상을 무효하게 하시도다 여호와의 계획은 영원히 서고 그의 생각은 대대에 이르리로다"

주님은 그의 마음에 품은 일, 그의 본성에 속한 일에 신실하시다. 그는 당신의 계획이나 나의 계획에, 당신의 선택이나 나의 선택에 충실하지 않으실 것이다. 그는 오로지 그의 목적에만 충실하실 것이다. 데살로니가전서 5장 23절에서 바울은 그 목적이 무엇인지를 상기시켜 준다.

"평강의 하나님이 친히 너희를 온전히 거룩하게 하시고 또 너희의 온 영과 혼과 몸이 우리 주 예수 그리스도께서 강림하실 때에 흠 없게 보전되기를 원하노라"

하나님의 목적은 무엇인가? 그의 목적은 우리를 구원하고 거룩하게 하시는 것이다. 여기서 우리가 때때로 혼동을 느낀다. 하나님은 당신이 절대로 아프지 않고 고통을 모를 거라고 약속하지 않으셨다. 그러므로 당신이 아프거나 고통스럽다고 해서 하나님이 신실하지 않으신 것이 아니다. 그는 당신의 결혼생활이 완벽하거나 당신의 모든 관계들이 만족스러울 거라고 약속하지 않으셨다. 따라서 당신의 결혼생활이 실패하거나 친구가 당신을 배신한다고 해서 하나님이 신실하지 않으신 것은 아니다. 하나님은 당신이 자녀들을 갖게 될 거라고, 혹은 당신의 자녀들이 몇 년을 살 거라고 약속하지 않으셨다. 힘든 일이긴 하지만, 당신이 유산을 하거나 임신을 하지 못하거나 혹 당신의 자녀가 육체적, 감정적, 영적으로 당신을 떠난다 해도 그것이 하나님의 신실치 못함을 나타내는 것은 아니다. 하나님은 아무 문제없는 세상을 약속하지 않으셨다.

사실 하나님은 정반대의 약속을 하셨다. 예수님은 "세상에서는 너희가 환난을 당할" 거라고 말씀하셨다(요 16:33). 바울은 베드로전서 4장 12절에서 "너희를 연단하려고 오는 불 시험을 이상한 일 당하는 것같이 이상히 여기지 말라"고 말한다.

하나님은 우리에게 고난 없는 삶을 약속하지 않으셨지만, 우리에게 아주 중요한 것들을 보증해주셨다. 그는 평강의 하나님으로서 우리에게 그의 본성을 약속하셨다. 우리에게 그의 임재를 약속하셨고, 그를 통해 우리는 무슨 일이 있어도 하나님이 일하고 계시는 것을 알고 평안을 얻는다. 하나님은 우리의 존재 전체, 즉 우리의 영과 혼과 몸을 거룩하게 하시고 구원하시고, 모든 것이 협력하여 선을 이루게 하실 것을 약속하셨다.

"우리가 알거니와 하나님을 사랑하는 자 곧 그의 뜻대로 부르심을 입은 자들에게는 모든 것이 합력하여 선을 이루느니라"(롬 8:28)

창세기 50장 20절에서 요셉은 모든 일을 마친 후에 이렇게 말했다.

"당신들은 나를 해하려 하였으나 하나님은 그것을 선으로 바꾸사 오늘과 같이 많은 백성의 생명을 구원하게 하시려 하셨나니"

하나님은 우리의 외적인 문제나 상황들이 파괴적이거나 불공평해 보일 때에도 그의 계획과 목적에 충실하실 것을 약속하신다. 하나님은 여전히 그 일들을 통해 선을 이루시고, 많은 사람의 생명을 구원하실 수 있다!

하나님이 약속하신 것은 그의 신실한 임재다. 즉 그는 결코 우리를 떠나거나 버리지 않으신다고 했다. 그것은 예수 그리스도의 오심으로 가장 완전하게 드러났다. 하나님이 그리스도 안에서 우리와 함께 있기 위해 오신 것이다. 그는 약속을 지키셨다. 그는 신실하시다.

시간과의 싸움

우리가 하나님의 신실하심을 이해하는 데 있어 극복해야 하는 가장 큰 문제 중 하나는 바로 시간의 관계다. 우리는 육체적이고 유한하다. 그런데 하나님은 영이시며 무한하시다. 하나님은 본질상 우리와 같지 않으시며, 우리를 제한하는 것들에 의해 구속을 받지 않으신다. 그러므로 하나님의 신실하심은 타이밍에 의해 결정되지 않는다.

"너희를 부르시는 이는 미쁘시니 그가 또한 이루시리라"(살 5:24)

바울은 사람들에게 하나님의 신실하심에 대해 말하지만, 그러고 나서는 신실함이 미래에 일어날 행위라는 것을 상기시킨다. 그 일은 일어날 것이다. 이것은 시간을 나타내는 표현이므로, 우리는 시간에 대한 하나님의 관점을 생각해보아야 한다.

"주의 목전에는 천 년이 지나간 어제 같으며"(시 90:4)

하나님은 우리 인간의 차원 밖에 존재하시며, 우리는 그것을 이해하지 못한다. 우리는 하나님의 신실하심에 대해 시간의 한도를 정하려 하지만, 하나님은 우리의 시간에 따라 일하지 않으신다. 하나님은 하나님의 때에 일하신다. 그것을 알면서도 우리는 여전히 시간으로 하나님의 신실함을 판단하려 한다. 우리의 시간 또는 타이밍에 근거하면서 말이다. 시간은 하나님의 신실하심을 규정하는 것이 아니다. 하나님은 결코 늦지 않으시며, 서두르지도 않으신다. 그는 언제나 그의 때에 행하실 것이다.

하나님은 이스라엘 백성들에게 신실하셨고, 그들을 노예 생활에서 벗어나게 해주셨다. 그러나 그들의 노예 생활은 400년 넘게 지속되었다.

하나님은 신실하게 그들을 약속의 땅으로 인도하셨으나, 그들은 40년 동안 광야에 있었다. 하나님은 신실하게 메시아를 보내 주셨지만, 그것은 마지막으로 선지자가 그의 오심을 알린 지 500년이 지난 후였다.

우리는 우리의 시간이나 타이밍에 따라 하나님의 신실하심을 규정할 수는 없다. 우리는 완전한 그림을 갖고 있지 않다. 오직 하나님만 아시며, 하나님이 하실 것이다. 따라서 우리는 하나님이 보여주신 것을 믿고, 하나님의 신실하심을 기반으로 우리의 삶을 세운다. 우리의 문화는 한 장의 카드를 놓치고 있다. 핵심적인 한 가지 요소를 말이다. 우리가 이것을 아는 것은 바로 단 한 가지, 예수 그리스도의 십자가 때문이다.

예수님의 십자가에서 하나님은 그의 신실하심을 완전히 증명해 보이신다. 거기서 주님이 친히 고통당하심으로 우리의 고통에 대응하셨기 때문이다. 하나님은 친히 고난당하심으로 우리의 고난에 대응하셨다. 굴욕을 당하심으로 우리의 굴욕에 대응하셨다. 죽음을 이기심으로 우리의 생명을 위협하는 것에 대응하셨다.

그러므로 예수님이 돌아가신 지 3일째 되던 날 사람들이 예수님의 시신을 찾지 못했고 그가 부활하셨다는 사실, 그 십자가와 부활의 사건을 우리가 받아들인다면, 하나님은 약속을 신실하게 지키시는 분이심을 알 수 있다. 이 세상 삶이 전부가 아니기 때문에 하나님의 관심은 우리의 영원한 삶, 즉 우리의 구원과 성화에 있다.

하나님은 결코 우리에게 편안함을 약속하지 않으셨으나, 우리로 그리스도의 성품을 닮게 하는 일에 신실할 것을 약속하셨다. 그는 우리에게 상황적 혼돈이 없을 것을 약속하지 않으셨지만, 그의 임재와 평안을 약속해주셨다. 우리가 부당한 일이나 비극을 겪지 않을 거라고 약속하지 않으셨지만, 그런 일들이 결코 끝이 아닐 거라고 약속하셨다. 결말은 예수님 안에서 영원히 확정되었기 때문이다.

우리의 정체성에 영향을 끼치는 일

하나님은 신실하시다. 그는 약속한 대로 행하셨다. 그는 거룩하고 사랑 많은 하나님으로서 자신의 본성에 충실하셨다. 따라서 우리가 이것을 마음에 새길 때 우리의 정체성이 달라진다. 우리는 더 이상 배신으로부터 우리 자신을 보호하기 위해 정교하게 만든 담이 필요하지 않다. 더 이상 우리를 겁주는 세상으로부터 우리 자신을 격리시킬 필요가 없다. 더 이상 우리 자신을 버림받거나 배신당한 사람으로 규정할 필요가 없다.

이것은 한순간에 이뤄지지 않겠지만, 우리가 예수 그리스도 안에 계시된 하나님의 신실하심을 마음에 새길수록 더욱더 큰 확신을 가지고 이 세상에 다가가게 될 것이다. 배신에 대한 두려움이 아니라 하나님의 신실하심에 대한 확신에서 나온 정체성을 가지고 사는 법을 배울 수 있다.

우리는 사랑받지 못해 상처받은 정체성이 아니라 하나님 아버지의 사랑에 기반을 둔 정체성으로 살아갈 수 있다. 우리가 그 정체성을 가지고 살아갈 때 하나님이 우리를 위해 예비해 두신 삶에 대해 우리의 영과 마음을 열게 된다. 우리는 사랑받고 지지받고 보살핌 받을 수 있는 가능성을 열어둘 수 있다. 헌신을 두려워하지 않고, 대신 기꺼이 받아들일 수 있다. 궁극적으로 우리는 하나님 아버지의 확고한 헌신에 기반을 두고 있기 때문이다.

시간이 지날수록 이것이 우리 각 사람을 다른 사람으로, 새 사람으로 만들어 줄 것이다. 그 정체성 안에서 우리가 신실한 대우를 받을 가치가 있는 사람이라는 것을 알게 되기 때문이다. 우리는 버림받지 않았다. 우리는 지금, 또 영원히 사랑받는 존재다.

나아가 세상에서 하나님의 신실하심을 증거하고, 신실한 자들로서 우리의 정체성을 따라 살아갈 수 있다. 세상의 방식과 정반대로, 우리는 우리가 말하는 대로 행한다. 우리가 그렇다고 하면 정말 그런 것이고, 아니라고 하면 정말 아닌 것이다. 우리는 반드시 약속을 지킬 것이다. 우리의 결혼생활이 신실해질 것이다. 친구 관계에서 믿을 수 있는 사람이 될 것이다.

하나님이 본래 신실하신 분이고, 그가 그리스도를 통해 우리 안에 들어와 사신다면, 우리도 하나님께 신실하게 순종하며 살 수 있는 능력이 내재되어 있기 때문이다. 이 세상에서 하나님의 도구로 쓰임 받을 수 있다. 하나님이 우리에게 얼마나 신실하신지 알기 때문에 우리도 다른 사람들과의 관계에서 신실하게 살 수 있다. 하나님 아버지로부터 신실함을 배웠기 때문에 신뢰할 수 있다는 것이 어떤 것인지 다른 사람들에게 본을 보일 수 있다.

우리는 불확실한 시대에 살고 있다. 그러나 우리는 무슨 일이 일어날지, 또는 왜 그런지 알지 못하지만 그것을 아시는 분을 믿는다. 하나님은 신실하시며, 그의 계획과 목적을 이루기 위해 일하고 계신다. 그것을 믿고 평안을 얻자. 지금은 너무 힘들겠지만, 하나님을 믿으라. 하나님은 신실하시다. 그 확신을 가지고 살라.

그런즉 믿음, 소망, 사랑, 이 세 가지는 항상 있을 것인데
그 중의 제일은 사랑이라 (고전 13:13)

그리스도인은 우리가 선하기 때문에 하나님이 우리를 사랑하신다고 생각하지 않는다.
하나님이 우리를 사랑하시기 때문에 우리를 선하게 만들어 주실 거라고 믿는다.
- C. S. 루이스

왜 자신이 형편없게 느껴질까?
하나님의 사랑이 우리의 자아상을 변화시킨다

조엘을 만난 건 내가 인도하던 청소년 수련회에서였다. 그의 눈은 매우 깊고 예리하며 맑았다. 그가 상대방을 쳐다볼 땐 마치 그 사람의 마음을 보는 것 같았다. 사실 그가 나를 쳐다볼 때 나는 그를 쳐다보기가 힘들었다. 그 이유는 그의 예리한 눈빛 때문만이 아니라 그가 머리카락이 없고, 눈꺼풀이 없고, 귀도 없고, 입술도 없었기 때문이다. 그는 성형수술로 재건한 코로 산소를 들이마신다. 그의 몸은 10년 전 피부의 90퍼센트가 화상을 입었다. 사고의 자세한 내용은 그 결과에 비해 별로 중요하지 않았다. 그의 몸은 심한 화상을 입었고, 얼마나 흉해졌는지 거의 사람 같아 보이지가 않았다.

그러나 그는 조금도 남의 시선을 의식하지 않았고, 대신 자신만만하고 침착했으며 차분했다. 그와 이야기를 나누면서 내가 발견한 것은 마음이 따뜻하고, 매력적이고, 밝고, 재미있고, 자기를 내세우지 않으며 자기 생각을 분명히 표현할 줄 아는 모습이었다. 게다가 조엘은 예수님을 사랑했다. 아, 그는 정말 예수님을 사랑했다.

그는 자신의 회복 과정의 괴로움에 대해 이야기했다. 그리고 그가 어떻게 예수님을 알게 되었는지, 예수님의 사랑이 어떻게 그의 삶을 충만케 해주었는지, 그리고 아름다움은 세상의 시선이 아니라 하나님이 그를 어떻게 바라보시는가에 따라 결정된다는 것을 어떻게 알게 되었는지 말해 주었다. 그것이 그의 간증이었다. 그는 말을 하면서 따스한 웃음을 지었다. 하나님이 그의 삶 속에서 행하신 모든 일들을 생각했기 때문이다.

나는 믿기 어려웠다. 어떻게 몸의 90퍼센트 이상 화상을 입은 사람이 모든 일에 대해 미소를 짓고, 심지어 세상에서 가장 축복받은 사람인 것처럼 행동할 수 있는가? 그것도 18살의 나이에. 그와 20여 분 동안 대화를 나누면서, 처음엔 그의 외모를 보고 놀랐지만 점점 이 청년의 마음과 삶에 호감을 느끼게 되었다. 조엘은 굉장히 매력 있었다.

조엘이 연설을 시작하자, 1,500명의 학생들은 그에게 완전히 매료되었다. 연설을 마치자 모두 뜨거운 박수를 보냈다. 캠프 내내 그는 우리의 스타였다. 그의 주변에는 여학생들도 가득했다. 세상의 기준으로, 이 청년의 외모는 흉했다. 그런데 어떻게 이런 일이 가능했을까?

그 이유는 바로 사랑이었다. 한 가지 단순한 진리로 그의 정체성이 지금, 그리고 영원히 변화된 것이다. 그 진리는 하나님이 그를 사랑하신다는 것이다. 하나님의 사랑이 너무도 강력하여, 그는 더 이상 자신을 세상의 눈으로 보지 않고 하나님의 눈으로 바라본다. 그리고 그가 자신을 그렇게 바라보기 때문에 하나님의 아름다운 사랑이 그에게서 흘러나가 다른 이들도 그렇게 보게 되는 것이다. 그는 정말로 아름다웠다.

당신은 어떤지 모르겠지만, 나는 그 사랑을 알고 싶다. 하나님의 사랑을 깊이, 확실하게 알아서 그것이 나의 정체성의 핵심을 변화시켰으면 좋겠다. 우리는 모두 그것을 원한다. 그러나 우리는 그 대신에 어리석은 비교의 바다에 빠져있다. 잡지에 나오는 이들이나 동료들이나 방송에 나오는 사람들과 비교해 우리 자신을 형편없게 느낀다. 우리가 누구와 함께 있는지, 외모가 어떤지, 돈을 얼마나 버는지에 따라 우리의 정체성이 좌우된다는 메시지를 믿는다. 잘못된 자아를 입증하기 위해 그런 것들을 추구하게 된다. 그리고 그것이 실패하는 즉시 절망감에 빠져 우리 자신이 무가치하다고 믿는다. 우리의 자존감은 곤두박질친다.

불행히도 진리가 없는 상태에서 우리는 그런 잘못된 평가를 사실로 받아들인다. 그런 것들이 우리의 정체성이 된다. 우리가 그 문제로 씨름하고 있다면, 우리가 할 일은 조엘이 깊이 알았던 그것을 발견하는 것이다. 즉 우리는 하나님의 사랑을 깨달아야 한다. 그것이 머리에서 가슴으로 옮겨가, 우리의 정체성을 변화시켜야 한다.

하나님의 사랑에 대한 진정한 이해를 회복하자

우리가 누구인지 하는, 우리의 진정한 정체성은 이 세상의 비교나 평가가 아니라 하나님의 사랑 안에서 발견된다. 우리가 하나님의 거룩한 성품을 온전히 이해할 때, 즉 하나님이 사랑이심을 알고 그 사랑이 우리를 가득 채울 때, 우리는 참으로 우리가 누구인지를 알게 된다.

바울의 유명한 사랑 장, 고린도전서 13장을 보자. 우리가 이 구절을 살펴볼 때 종종 간과하는 사실은 오늘날 우리 문화에서 사랑을 이해하는 방식과 고린도의 사고방식이 놀라울 정도로 비슷하다는 것이다. 고린도는 경제적으로 굉장히 빠르게 성장하고 번창했다. 그 모든 번영 가운데서 고린도는 걷잡을 수 없는 성적 문란함으로 유명했다. 당시 고린도인의 사랑은 그저 성적인 관계로만 이해될 정도로 타락해 있었다. 가벼운 성적 관계를 "고린도와 같은(Corinthianizing)"이라고 표현하기까지 했다.

바울의 사랑에 대한 담론이 달콤하고 지나치게 감상적이라는 추정은 완전히 잘못되었다. 바울이 이 글을 쓸 때는 결혼식에서 로맨틱하게 낭송되는 글을 상상하지 않았다. 그는 한 도시의 영혼을 위한 전쟁 중이었다. 사랑이 잘못 이해되고 있었다. 사람들은 경건한 사랑을 몰랐다. 바울은 사람들에게 결혼에 대해, 우상숭배에 대해, 그리고 합당한 예배에 대해 가르쳤다. 그들에게 과거에 이스라엘이 실패했던 일들을 상기시키고, 그들이 한 몸으로서 여러 은사를 받은 것을 확신시켜 주었다.

그다음 논의의 핵심에 이른다. 그들이 한 가지를 이해하지 못하면, 그 어느 것도 아무런 변화를 일으키지 못할 거라고 말했다. 그 한 가지는 바로 사랑의 본질이다. 만일 그리스도인이며 또 문화 속에 살고 있는 우리가 사랑이 진정 어떤 의미인지를 이해하지 못한다면, 우리 또한 바울의 시대 고린도 도시가 빠졌던 그 악한 구덩이와 다를 바 없다. 너무 오랫동안 문화적으로 형성된 사랑이 우리의 정체성과 행위에 영향을 미치고, 우리 자신에 대한 믿음을 규정하도록 허용해왔다. 우리는 살아계신 하나님의 사랑하는 아들과 딸로서 우리의 진정한 정체성을 되찾기 위해 바울의 글을 깊이 살펴볼 필요가 있다.

정말로 사랑이란 무엇인가? 바울은 고린도전서 13장 4절부터 시작해 답을 제시하는데, 좀처럼 보기 드문 표현을 사용한다. 사랑은 한 인격이며 행동이다. 통속적인 믿음과 반대로, 사랑은 어떤 상태가 아니다. 본문에서 사랑은 동사가 아니라 명사다. 바울이 사랑을 의인화한 것이다.

사랑은 오래 참으며, 온유하며, 시기하거나 교만하지 않고, 자랑하거나 무례하거나 자기의 이익을 구하지 않으며, 온유하고 용서하고 진실하다. 사랑은 모든 것을 참고, 믿고, 바란다. 사랑은 세상의 방식대로 움직이지 않는다. 우리는 자기중심적인 사람이 되기 원하지만 사랑은 그렇지 않다. 우리는 다른 사람들과 상관없이 우리가 원하는 걸 하고 싶어 하지만 사랑은 그것을 허용하지 않는다. 우리는 우리 자신을 위해 물질을 모아두기 원하지만 사랑은 나눠주기 원한다. 사랑은 희생이다. 사랑은 겸손이다. 사랑은 자신을 맨 뒤에 둔다.

이제 당신 자신을 점검해보라. 본문에 자신의 이름을 넣어 읽어보라. 데이비드는 인내한다. 땡! 데이비드는 온유하다. 땡! 데이비드는 시기하거나 자랑하지 않는다. 전혀 아니다. 땡! 알겠는가? 사랑은 어려운 일이다. 사랑은 내가 원하는 것에 관한 것이 아니다. 그것은 내가 주는 것, 기꺼이 내놓는 것이며, 평소에 내가 쉽게 하지 못하는 일이다. 나는 본래 다른 사람들을 위해서가 아니라 날 위해 행동하는 사람이기 때문이다.

여기 질문이 있다. 그 본문에 내 이름도 넣을 수 없고 당신의 이름도 넣을 수 없다면, 어떤 이름이 들어가야 하는가? 오직 한 이름만 들어갈 수 있다. 바로 하나님의 이름이다. 여호와, 엘로힘. 거기에 알맞은 유일한 이름은 "모든 이름 위에 뛰어난 이름" 이다.

"하늘에 있는 자들과 땅에 있는 자들과 땅 아래에 있는 자들로 모든 무릎을 예수의 이름에 꿇게 하시고 모든 입으로 예수 그리스도를 주라 시인하여 하나님 아버지께 영광을 돌리게 하셨느니라" (빌 2:10-11)

고린도전서 13장의 바울의 글이 놀라운 것은 그가 사랑을 의인화하는 데 있다. 그 말씀은 하나님의 아들이자 우리의 구세주이신 예수 그리스도를 통해 나타난 하나님을 의인화한 것이다. 그것을 이해할 때 본문이 이해가 되기 시작한다!

우주의 하나님, 창조의 하나님, 당신과 나를 만드신 하나님이 우리를 자유케 하는 그의 본성의 한 요소로 정의된다. 바로 하나님은 사랑이시다. 거기에 적용되는 이름은 오직 하나님의 이름뿐이다. 그리고 우리는 그의 아들, 예수님을 통해 하나님을 가장 잘 알게 된다.

예수님은 우리를 오래 참아 주신다. 예수님은 온유하시다. 예수님은 교만하지 않으시다. 예수님은 자랑하거나 시기하지 않으신다. 예수님은 항상 참으시고, 항상 믿어 주시고, 항상 소망을 주신다. 그렇게 보면, 본문에서 하나님이 무엇을 하고 계시는지를 갑자기 깨닫게 된다. 그것은 단순한 의인화가 아니라, 바울이 분명한 한 인격을 염두에 두고 하는 말이다. 그 인격은 그가 예수 그리스도 안에서 목격한 인격이다. 그분이 바로 사랑이다. 요한일서 4장 8절은 이렇게 말한다.

"사랑하지 아니하는 자는 하나님을 알지 못하나니 이는 하나님은 사랑이심이라"

하나님은 사랑이시다. 그리고 바울은 하나님이 그리스도 안에서 우리를 어떻게 사랑으로 대하셨는지를 묘사한다. 그는 인내와 온유와 겸손과 희생으로 우리를 대해 주셨다. 그는 우리가 생각하는, 아니 심지어 우리가 원하는 그런 사랑이 아니시다. 우리는 하나님께 사랑받는 것이 곧 우리가 원하는 것을 뭐든지 할 수 있는 것을 의미하고, 사랑이 단지 나와 나의 행복에 관한 것이기를 원한다. 그러나 하나님이 사랑이시라는 것은, 우리의 모든 필요를 채워 주시고 정확히 우리가 원하는 방식으로 우리의 모든 기도에 응답해 주신다는 의미가 아니다. 하나님의 사랑은 그가 거대한 자동판매기라는 의미가 아니다.

하나님은 우리 각 사람을 위해 그보다 훨씬 더 많은 것을 하기 원하신다. 그는 우리를 사랑하시기 때문이다. 요한일서 3장 16절을 보라.

"그가 우리를 위하여 목숨을 버리셨으니 우리가 이로써 사랑을 알고"

이것이 사랑이며, 그가 바로 사랑이다. 사랑은 쉬운 것이 아니다. 사랑은 어렵다. 우리의 투자와 시간과 마음을 요구하는 일이다. 누군가를 사랑한다는 것은 위험을 감수하고, 보살피고, 관여하는 것이다. 사랑은 순수한 기쁨이며 때때로 즐거움을 주지만, 확실히 사랑은 또한 아픔을 준다. 그것이 종종 우리가 놓치는 역동성이다. 쉬운 사랑이 아니라 중요한 사랑, 즉 투자하고 보살피고 함께 아파하는 사랑이다. 우리는 우리의 고통 속에 들어와 우리의 아픔을 느끼고 잠들 때까지 우리를 부드럽게 흔들어주는 사랑을 원한다. 우리의 허물과 실수를 다 보고도 똑같이 우리를 사랑해주는 사랑을 원한다. 그런 사랑을 발견할 때 우리는 달라진다.

그것이 바로 우리를 변화시키는 사랑이다. 아무것도 요구하지 않고 뭐든지 우리가 원하는 대로 하게 해주는 사랑은 결코 '나'라는 사람과 세상을 바라보는 나의 관점을 변화시키지 못할 것이다. 진정한 사랑은 변화를 일으킨다. 하나님의 사랑이 그렇다.

우리를 변화시키는 사랑

하나님이 보여주시는 것이 바로 그것이다. 진정한 사랑. 하나님은 당신을 위해 자신을 버리셨다. 누가 당신을 위해 그렇게 해준 적이 있는가? 누가 당신을 살리려고 당신을 위해 죽은 적이 있는가? 이것을 온전히 이해하기 위해 예수님의 생애의 마지막 주, 즉 그의 고난과 죽으심에 관한 성경 말씀을 살펴보는 시간을 갖자. 십자가의 역사성을 연구해 보자. 당신의 삶은 결코 그와 같지 않을 것이다. 바울은 고린도후서 5장 21절에서 그것을 이렇게 말했다.

> "하나님이 죄를 알지도 못하신 이를 우리를 대신하여 죄로 삼으신 것은 우리로 하여금 그 안에서 하나님의 의가 되게 하려 하심이라"

예수님은 죄가 없으셨다. 그렇지만 우리를 향한 사랑이 너무 깊어서 우리가 받을 벌을 대신 받으셨다. 우리가 다시 하나님의 사랑으로 돌아갈 수 있게 하기 위해서였다. 그것이 우리를 변화시켜야 한다. 그것이 우리 교회를, 우리의 공동체를, 우리의 세상을 변화시켜야 한다. 그러나 그런 일이 일어나지 않고 있다. 왜 그런지 아는가? 당신은 사랑이 무엇인지 모른다. 우리는 하나님을 가장자리로 밀어냈기 때문에 우리를 향한 그의 사랑이나 다른 사람들을 사랑하라는 그의 명령을 이해하지 못한다. 교회들이 문화에 순응하여 하나님의 사랑의 의미를 잊어버릴 때 그 교회들은 아무것도 변화시키지 못한다. 그들은 세상 문화가 우리에게 듬뿍 끼얹어 주는 것과 똑같은 자기 주도적인 시럽을 우리에게 가르치고 나눠 주지만, 그 요리법은 실패한다. 그것은 아무도 변화시키지 못한다.

얼마 전에 윌 블라이드가 쓴 책을 우연히 읽게 됐다. 그것은 신앙이나 하나님에 관한 책이 아니라 농구에 관한 책이었다. 내가 관심 있는 주제였기에 기대하는 마음으로 읽었지만 갑자기 그가 교회에 대한 권태를 묘사하고 있는 내용을 발견했다. 그의 말을 들어 보자.

> 교회는 하나님을 축소했다. 거친 회오리바람에서 들려오는 음성이 아니라 주차장에 부는 부드러운 산들바람으로, 놀라운 신비가 아니라 윤리적 교훈으로, 능력과 영광이 아니라 친근한 존재로 말이다. 그래서 교회에 출석하는 것은 착하게 살고, 해야 할 것과 하지 말아야 할 것을 실천하는 활동이었다. 좀처럼 기쁨이나 두려움을 경험하는 일이 없었다. 영에 사로잡히는 일도 없었다. 이것은 클럽 활동 같은 종교였다…… 진정한 영적 감정을 일으키는 충격과 혼란 대신 평안과 의무와 향수를 느끼게 할 뿐이었다. 왜 나는 항상 예배에 지각을 하고, 사건 대신 비유, 예언 대신 해석, 해답 대신 질문에 만족해야만 했는가?[1]

우리의 잘못된 사랑의 개념이 우리의 교회들까지 오염시켰고, 그 오염이 중대한 결과를 가져왔다. '사랑'이라는 단어에서 본질이 없어져 버렸다. 우리로 하여금 하나님으로부터 멀어지고 자신을 숭배하게 하는 선택들을 부추기는 것이다. 사랑은 꾸며낸 이야기이며, 사랑은 자유로우며,

사랑은 나에 관한 것이다. 따라서 우리는 위험을 무릅쓰고 하나님이 우리에게 주신 생명을 위협하는 선택을 한다.

이러한 사랑의 의미들은 우리 문화뿐만 아니라 그리스도의 교회에도 영향을 끼친다. 우리 교단을 포함하여 여러 교단에서 교회가 세상에서 영향력을 상실한 것은 하나님의 사랑이 다른 사람들의 사랑과 비슷해져 버렸기 때문이다. 우리는 뭐든 원하는 대로 한다. 그것이 사랑의 의미이기 때문이다. 즉 사람들이 무엇이든 자신들을 행복하게 만드는 일을 하게 하는 것이 사랑이다. 또한 개인의 행복이 우리의 목적이라면 결코 만족하지 못할 것이다. 우리는 여전히 똑같은 비교의 덫에 걸릴 것이다. 언제나 우리보다 더 재능 있고, 더 매력적이고, 더 가진 것이 많은 사람이 있을 것이고, 우리는 거짓을 추구하는 공허감에 빠질 것이다. 우리는 공허하다. 그리고 우리를 구원해줄 하나님의 사랑이 필요하다.

우리를 변화시키는 사랑은 어디 있는가? 하나님이 보시는 우리 자신의 진정한 모습을 우리가 보고 이해할 수 있게 도와주는 사랑은 어디에 있는가? 하나님의 사랑이 일으키는 충격과 혼란은 어디에 있는가? 십자가가 놀랍지 않은가? 우리는 그러한 고난과 희생의 규모에 어리둥절할 정도로 감동을 받아야 한다. 그것이 우리를 위한 일이었다는 것을 알고 충격을 받아야 한다. 그것이 무엇을 의미하는지 알고 완전히 혼란에 빠져야 한다. 그리고 그때부터 아무것도, 그 누구도 전과 같을 수가 없다.

우리는 하나님께 사랑받고 있다. 그것을 음미하라. 그것을 오래 생각하라. 그것이 당신의 마음속에 자리를 잡게 하라. 우리는 완전히 혼란에 빠져야 한다. 왜냐하면 우리가 사는 세상에서는 그런 일이 없기 때문이다. 아무도 우리를 그와 같이 사랑하지 않는다.

나를 향한 하나님의 노래

하나님의 놀라운 사랑을 이해한다면 우리는 어느 곳에 남아 있겠는가? 진정한 사랑을 발견한 우리는 충격과 혼란에 비틀거리며 참된 삶의 문으로 나아간다. 우리는 하나님의 사랑을 받아들이고, 다시 하나님을 사랑하고, 또 다른 사람들을 사랑한다. 하나님의 사랑이 우리 안에 거하면, 이것이 우리의 본성이 된다. 예수님은 말씀하신다.

"네 마음을 다하고 목숨을 다하고 뜻을 다하고 힘을 다하여 주 너의 하나님을 사랑하라…… 네 이웃을 네 자신과 같이 사랑하라"(막 12:30-31)

이것은 우리가 제일 먼저 우리 자신을 사랑해야 함을 함축하고 있다. 만일 당신이 사랑받고 있다는 걸 모른다면, 그리스도의 방식으로 다른 사람들을 조건 없이 사랑한다는 건 불가능하다. 우리 인간의 본성은 항상 자아가 주도하기 때문이다. 내가 하나님께 사랑받고 있다는 걸 모른다면, 나의 사랑의 잔이 채워지지 않는다면, 의식적으로든 무의식적으로든 나는 그 잔을 채우기 위해 열심히 노력할 것이다. 그러나 그 모든 것은 상대도 나를 사랑해줄 거라는 조건 하에 행해질 것이다. 나는 우리가 이 세상에서 완벽하게 사랑하지 못하리라는 걸 알고 있다. 하지만 하나님의 사랑을 받는 법을 배움으로써 우리가 변하고 또 사랑할 수 있는 능력이 자랄 수 있다고 믿는다.

우리가 자신을 사랑하는 것은 우리가 무엇으로부터 구원받았는지, 하나님이 그 구원 사역을 이루기 위해 어디까지 가셨는지 알기 때문이다. 스바냐 3장 17절은 내가 제일 좋아하는 구절 중 하나인데, 그 이유는 하나님이 나를 얼마나 사랑하시는지를 마음으로 느끼게 해주기 때문이다. 선지자는 "그가 너로 말미암아 기쁨을 이기지 못하시며 너를 잠잠히 사랑하시며 너로 말미암아 즐거이 부르며 기뻐하시리라"고 말한다.

오늘 아침에 잠에서 깼을 때 제일 먼저 든 생각이 '오늘 하나님이 나로 인해 매우 기뻐하신다.'라는 것이 있는가? 하나님은 우리를 깜짝 놀라게 한다. 하나님이 당신을 기뻐하신다. 사실 하나님은 너무나 기쁨에 겨워 노래를 부르신다. 그것이 매우 충격적인 사실이라는 걸 안다. 하지만 사실이다. 그 진리가 나를 석실 때 나는 변화된다. 하나님의 놀라운 사랑으로 인한 혼란이 나 자신을 바라보는 시각을 변화시킨다.

나는 앞서 말한 공황장애로 고생할 때 스스로 쓸모없고 사랑받지 못하는 존재라고 느꼈다. 그때 나를 변화시킨 것은 하나님의 사랑을 발견한 일이었다. 나를 바라보는 하나님의 시선은 지지와 위로와 사랑의 시선이었다. 내가 약할 때에도 하나님은 내 삶을 기쁘게 여기셨다. 하나님은 나의 고통과 상처를 보셨고, 내가 버둥거리고 있을 때 하나님은 나로 인해 노래를 부르셨다. 그리고 마침내 이런 말씀이 들리기 시작했다.

"데이비드, 너는 사랑받고 있다. 네가 이런 일을 겪는 걸 원치 않는다는 거 안다. 네가 마음이 상하고 쓸모없는 존재처럼 느끼는 것을 안다. 하지만 나는 너를 사랑하기 때문에 일하고 있다. 내가 너의 생명을 구속했다. 내가 이 공황장애를 물리쳤고, 내가 너를, 내 아들을, 내 귀하고 귀한 아들을 기뻐한다."

이는 하나님이 나로 인해 부르시는 노래 가사였고, 그 말씀이 나의 정체성을 근본적으로 뒤흔들었다. 그래서 나는 세상과 나를 비교함으로써 생긴 잘못된 정체성이 아니라 하나님이 사랑하시는 자로서의 참정체성을 가지고 살기 시작했다. 내 이름, 데이비드는 "하나님이 사랑하시는 자"라는 뜻이다. 나는 드디어 그것을 믿기 시작했다.

당신은 자기 자신에 대해 이 사실을 믿는가?

다른 사람들을 사랑하라

하나님의 노래가 우리의 중요한 정체성을 변화시킬 때 우리는 사랑으로 충만해져서 정직하고 진실하게 다른 사람들을 사랑할 수 있다. 그것은 사실 우리가 하나님께 사랑으로 보답하는 방법이다. 우리가 하나님을 사랑할 때 하나님이 사랑하시는 것을 사랑하게 된다. 또 하나님은 그의 백성들을 사랑하시며, 우리도 그들을 사랑하기 원하신다. 요한복음 21장 16절에서 부활하신 예수님이 베드로에게 "내 양을 치라"고 말씀하셨다. 그것은 또한 우리의 소명이기도 하다. 우리는 하나님이 사랑하시는 것, 즉 그의 양들을 돌봄으로써 하나님을 사랑하는 것이다.

우리는 어떻게 그 일을 하는가? 주님이 우리를 위해 그의 생명을 버리셨으니, 우리도 그를 위해 우리의 삶을 내려놓는다. 예수님 안에서 계시된 하나님의 사랑에 굴복하고 하나님이 우리에게 명하시는 일을 행한다. 다른 사람들을 사랑한다. 진심으로 그들에게 관심이 있기 때문에 나눠주고, 아낌없이 베풀고, 도전하고, 가르친다. 우리가 먼저 사랑받고 채우심을 받았기 때문에 다른 사람들을 보살피는 것이다. 우리는 조건 없이 그 일을 한다. 이익과 손해를 따지지 않는다. 하나님께 사랑받는 기적에 대한 기쁨으로 다른 사람들을 사랑하는 것이다.

기억하라. 우리는 자신이 가지고 있지 않은 것을 나누어줄 수 없다. 사랑하려면 먼저 사랑받아야 한다. 하나님이 우리를 채워 주시면, 그다음에 우리가 다른 사람들을 채워 주는 것이다. 우리는 달콤한 향과 사랑의 향기로 세상을 가득 채우지만, 그것은 세상적인 사랑이 아니다. 그것은 생명을 주는 사랑, 변화시키는 사랑, 경건한 사랑이다. 바로 하나님이 그런 분이시기 때문이다. 또 그것이 사람들의 마음을 끌어당긴다. 그래서 그리스도의 교회가 성장하는 이유가 된다. 우리가 다른 사람들과 우리 공동체를 헌신적으로 사랑할 때 사람들은 자연히 다른 어디에서도 볼 수 없는 모습에 마음이 끌릴 것이다. 그것은 베푸는 사랑, 희생하는 사랑, 아낌없이 쏟아붓는 사랑, 반문화적이고 반직관적인 사랑이다.

마지막 질문

이 장의 중요성을 생각할 때 당신에게 한 가지 질문을 하지 않을 수가 없다. 그것은 17세기 프랑스의 수학자이자 철학자인 블레즈 파스칼이 그의 책에서 묘사한 것으로 그 내용은 다음과 같다. 우리는 모두 하나님이 누구신지 생각해보고, 알려진 사실에 근거하여 결단을 내릴 필요가 있다. 그리스도의 십자가는 갈림길이다. 우리는 영원히 하나님께 사랑을 받는다고 믿는가? 우리가 지금부터 하나님의 제자로 살 것인지 결정할 때, 파스칼의 내기는 다음과 같은 사실을 생각해보게 할 것이다.

- 우리 문화의 무신론자들이 옳고 내가 틀렸다면, 나는 아무것도 잃은 것이 없다. 신이 없고, 영원 세계가 없고, 형벌이 없다면, 나는 두려워할 것이 없다. 이 세상이 전부인 것이다. 우리가 죽을 때가 되면 무신론자들이나 나나 똑같은 운명을 맞이할 것이다. 우리는 죽어서 벌레들의 먹이가 될 것이다. 그것은 맥 빠지는 일일 수도 있지만, 장기적으로 나에게 부정적인 결과는 없다. 무신론자들과 나는 얻는 것이 똑같다.

- 그러나 만일 내가 옳고 무신론자들이 틀렸다면, 그들은 모든 것을 잃는다. 내가 옳고 그

들이 틀렸다면, 나는 지금과 또 영원히 하나님의 사랑의 빛 가운데 산다. 그러나 그들은 하나님 아버지와 자신들을 화해시키는 그 희생적인 사랑을 받아들이지 않았기 때문에 그렇지 못할 것이다. 하나님과 화해하는 길이 더 있었다면, 예수님은 죽지 않으셨을 것이다. 만약 다른 종교들도 같은 결과에 도달할 수 있다면, 왜 하나님이 공연히 자기 아들을 죽게 하셨겠는가? 지적으로 생각해 볼 때, 기독교가 장난이고 내가 이 책을 쓰는 것이 미친 짓이거나, 아니면 예수님이 하나님의 아들이자 나의 구세주이시며 나는 영원히 그분과 함께 살게 되든가, 둘 중 하나다.

조엘은 하나님에 대한 기대를 포기할 이유가 충분했지만 그렇게 하지 않았다. 조엘은 자신이 무가치하다고 믿을 만한 이유가 충분했지만 그 거짓말을 믿지 않았다. 하나님의 사랑 안에서 그의 정체성은 확고히 정해졌고, 그로 인해 그 자신을 이해하는 데 있어 모든 요소들이 재정립되었다. 그는 그의 진정한 정체성을 따라 살고 있다. 당신이 하나님의 사랑을 더 잘 이해하게 되어 그것이 당신 자신을 바라보는 관점을 다시 세우기를 기도한다. 그렇게 함으로 당신은 전에 한 번도 겪어 보지 못한 사랑을 알게 되고 또 그런 사랑을 베풀게 될 것이다.

하나님은 누구인가? 그는 사랑이시다. 그가 당신에게서 얻는 기쁨과 경이로움으로 당신의 잔을 채워주시게 하라. 그런 다음 나아가 그 사랑이 당신의 삶에서 다른 사람들의 삶 속으로 흘러가게 하라.

3부

지으신 그대로, 그리스도와 함께

주 예수 안에서 너희에게 구하고 권면하노니
너희가 마땅히 어떻게 행하며 하나님을 기쁘시게 할 수 있는지를
우리에게 배웠으니 곧 너희가 행하는 바라 더욱 많이 힘쓰라 (살전 4:1)

우리는 복음을 실천하고 장식하는 사람들로 알려지기보다
복음을 전하는 사람들로 더 많이 알려져 버렸다. – 존 스토트

11장

시간이 필요하다
그리스도 안에서 성장하는 과정을 이해하기

　아내 레이는 수감 중인 여성들을 방문해 봉사를 하고 있다. 그곳에서 만난 두 여성의 이야기를 들어보자. 클레오는 매우 전형적인 수감자였다. 마약 중독이었고, 계속 마약을 사기 위해 몸을 팔았다. 체포가 반복되다 결국은 징역형이 연장되었다. 그 몇 주 동안, 클레오는 성경 공부 모임에 성실하게 참여했다. 그녀는 그리스도 안에서 하나님의 사랑과 은혜를 받아들였고, 그녀의 태도는 급격히 달라지기 시작했다. 그리고 드디어 교도소를 나갔다. 그러나 몇 주 후, 아내가 성경 공부를 인도하러 갔더니 클레오가 다시 교도소에 들어와 있었다. 클레오가 말했다.
　"레이, 미안해요. 정말 미안해요. 저도 예수님을 따르고 싶었어요. 하지만 밖에 나가자 술과 마약과 남자가 그리워졌어요. 왜 그럴까요? 저는 진정한 그리스도인이 될 수 없는 걸까요? 하나님이 정말로 저를 사랑하지 않으시는 걸까요? 왜 저는 아직도 이런 게 좋을까요?"

"클레오, 당신은 그리스도인이에요. 그리고 하나님은 당신을 사랑하세요! 그걸 의심하진 마세요. 예수님의 제자로 사는 법을 배우는 데는 시간이 걸려요. 당신이 예수님을 사랑하려고 노력할수록 점점 더 예수님이 원하시는 것을 당신도 원하게 될 거예요. 하지만 여전히 과거에 원했던 것들과 싸워야 할 거예요. 단지 시간이 걸리는 것뿐이에요."

하나님은 내가 천 번도 넘게 클레오와 같은 좌절을 했다는 걸 아신다. 당신에게도 그런 좌절이 있었을 것이다. 바울 또한 이렇게 말했다.

"내가 행하는 것을 내가 알지 못하노니 곧 내가 원하는 것은 행하지 아니하고 도리어 미워하는 것을 행함이라" (롬 7:15)

이 말이 우리의 입장을 잘 요약하고 있다. 당신이 인간인 것을 인정하라. 그리고 진정한 정체성을 따라 사는 일이 힘들다는 것을 인정하라.

두 번째 이야기는 좀 다르다. 아내가 친구와 대화를 나누고 있는데, 앞서 걷던 한 여자가 갑자기 뒤를 돌아보더니 소리쳤다.

"레이, 저 체리예요. 교도소에 있던 체리요. 걷는데 당신 목소리가 들려서, 바로 당신인 줄 알았어요! 저 기억하시겠어요?"

깜짝 놀란 아내가 말했다.

"체리, 만나서 정말 반가워요! 어떻게 사는지 얘기 좀 해줘요."

"그 성경 공부가 정말로 저를 변화시켰어요. 세상에 나와 더욱더 예수님처럼 살려고 노력하기 시작했어요. 오랜 시간이 걸렸지만, 전 많이 달라졌어요. 출소한 지 1년이 넘었는데, 지금도 노력하는 중이에요. 제 삶은 훨씬 좋아졌고, 당신께 얼마나 감사한지 몰라요."

체리는 하나님의 말씀을 마음으로 받아들였다. 그녀의 삶은 완벽하진 않았지만, 그녀 안에서 성령님이 일으키시는 변화를 보고 있었다. 이제 체리는 예전의 그녀가 아니다. 앞으로 더 달라져야 하겠지만, 지금은 그 귀한 과정 중에 있다.

그 두 이야기가 강조하는 것은 자신을 알아가는 것이 꽤 어려운 일이라는 것이다. 시간이 걸리는 일이다. 때로는 낙심하기도 하지만, 계속 하나님을 신뢰하면 변화를 보게 될 것이다. 그리스도를 영접하고 그를 위해 사는 것은 서서히 이루어지는 성장의 과정이며, 오랫동안 따를 때 큰 변화가 생기며 하나님 나라를 위해 열매 맺는 삶을 살게 된다.

사랑이 동기를 부여한다

그 느리고 꾸준한 변화가 우리 안에서 일어나려면, 그 변화를 위한 기초와 능력을 인지해야 한다. 우리가 그리스도를 사랑하면 그를 위해 살고자 하는 열망이 자란다. 우리의 삶은 우리의 사랑을 표현하는 것이 된다. 하나님이 우리를 얼마나 사랑하시는지를 이해할 때 우리도 그를 사랑하고 싶어진다. 하나님이 주신 것에 보답하고 싶은 것이다. 우리가 누군가를 사랑하면 자연스럽게 그 사람을 기쁘게 해주기 원한다. 우리도 우리가 사랑하는 사람을 행복하게 해줄 일들을 하기 원한다. 이 진리에 비추어, 당신에게 몇 가지 질문을 하겠다.

당신은 요즘 누구를 기쁘게 하려고 애쓰는가?

당신의 행동이 어떻게든 달라질 정도로 사랑하는 사람 또는 대상은 무엇인가?

당신은 돈을 더 벌기 위한 수단으로 상사를 기쁘게 하기 위해 노력하고 있는가?

당신의 사회 집단에 속한 사람들이 당신을 좋아해주고 받아주고 포용해주기를 바라는 마음에 그들을 기쁘게 하려고 애쓰고 있는가?

당신 자신을 기쁘게 하는 것이 가장 중요한 일이기 때문에 당신이 원하는 것을 하며 자신을 기쁘게 하려고 애쓰고 있는가?

아니면 사랑이 동기가 된 마음에서 우러나, 어떻게 하면 당신의 배우자, 자녀들, 친구들을 기쁘게 해줄 수 있을지를 생각하는가?

무엇보다도 하루하루를 살면서, 당신이 하나님을 사랑하기 때문에 하나님을 기쁘게 하는 삶을 살아야겠다는 생각이 드는가?

우리와 하나님의 관계를 보면, 하나님에 대한 우리의 사랑은 주로 주일날, 아니면 어려움에 처할 때 나타난다. 매일 그 사랑을 표현하지는 않는다. 우리가 사랑받고 용서받은 것을 알고 감사히 여기지만, 하나님을 향한 우리의 사랑이 우리의 행동에 중요한 영향을 미쳐야 한다는 생각을 잊어버렸다.

당연히 이것은 데이터 상으로도 나타난다. 그리스도인의 행동과 세속적인 행동이 서로 다르지 않다는 것이다. 이혼율이 다르지 않고, 자선단체와 비영리단체에 기부하는 확률도 같다. 음란물에 빠지는 확률도 같다. 하나님은 우리를 사랑하시지만, 우리가 하나님을 사랑할 때 나타나야 할 변화들이 우리에겐 없다.

하나님을 사랑하는 법을 배우라

바울은 데살로니가전서 4장에서 이것을 이야기한다. 그들은 누구를 기쁘게 하려고 노력하고 있었는가? 바울은 우리가 참으로 하나님을 사랑한다면 또한 그를 기쁘게 해드리려고 노력해야 하며, 그를 기쁘게 하는 일은 우리가 그의 명령대로 행하는 것이라고 분명히 말한다.

"형제들아 우리가 끝으로 주 예수 안에서 너희에게 구하고 권면하노니 너희가 마땅히 어떻게 행하며 하나님을 기쁘시게 할 수 있는지를 우리에게 배웠으니 곧 너

희가 행하는 바라 더욱 많이 힘쓰라"(살전 4:1)

이것은 기독교 윤리학의 뿌리다. 그렇기 때문에 우리가 나머지 세상 사람들과 다르게 행동할 수 있다.

우리는 절대적 진리를 부인하는 세상에 살고 있다. 우리의 일은 우리가 주도하고 명령하며, 그런 메시지에 익숙해져 있다. 그래서 복음을 접하고, 하나님께서 우리의 사랑의 표현으로 그의 가르침에 순종할 것을 요구하신다는 것을 알게 되면 낯설게 느껴진다.

우리는 우리 자신이 지각하는 것 외에 다른 진리에 복종하는 데 익숙하지 않다. 우리는 그것을 이해하지 못한 상태에서 신앙생활을 시작한다. 개인의 쾌락과 자유가 차고 넘치는 현대 문화에서, 우리는 다른 사람들처럼 자유롭게 자신이 원하는 대로 살기 원한다. 용서받기 원하지만, 우리가 어떻게 살고 있는지에 대해선 간섭받고 싶지 않다. 존 스토트는 그의 주석에 이렇게 기록했다.

> 우리는 복음을 실천하고 아름답게 장식하는 사람들로 알려지기보다 복음을 전하는 사람들로 더 알려졌다. 결혼과 가정생활에 대한 통계자료만 봐도, 유대인의 실적이 그리스도인들보다 더 낫다. 이렇게 된 중요한 이유 중 하나는 우리 교회들이 윤리학을 가르치지 않는다는 데 있다. 우리는 복음을 전하느라 바빠서 율법은 가르치지 않는다.[1]

우리의 신앙생활에는 두 가지 소명이 있다. 즉 우리는 그리스도를 믿고 그의 용서를 받아야 하지만, 또한 하나님이 그를 기쁘시게 하는 일이 무엇인지 우리에게 알려 주셨기 때문에 그것이 우리에게 중요한 의미가 있도록 살아야 한다. 우리가 하나님께 순종할 때 하나님은 기뻐하신다.

하나님은 우리가 어떻게 행동하기를 기대하시는지 명백히 말씀해 주셨다. 바울은 데살로니가 교인들에게 어떻게 살아야 하는지 상세히 알려 주지만 그들이 그렇게 행하지 않으므로 그들에게 촉구한다. 당신의 순종은 하나님에 대한 당신의 사랑의 표현이다. 또한 당신의 순종은 하나님을 기쁘시게 한다.

내가 당신의 신앙을 율법주의적인 신앙으로 바꾸려 한다고 생각하지 마라. 당신이 율법을 지키지 않을 경우 무슨 일이 일어날까 두려워서 율법에 대한 강박관념으로 사는 것에 대해 말하는 것이 아니다. 중요한 것은 율법을 따르는 것이 아니라, 그를 기쁘게 해드리려고 노력함으로 그에 대한 사랑을 나타내는 것이다. 거기에는 엄청난 차이가 있다. 우리가 하나님을 사랑하기 때문에 그를 기쁘게 해드리기 원하는 것은 세상에서 가장 자연스러운 일일 것이다

우리는 따라야 할 율법들에 사로잡혀 살지 않는다. 대신 그리스도 안에서 우리에게 부어진 사랑과 그를 영화롭게 하는 삶에 대해 생각한다. 그렇게 할수록 하나님을 기쁘시게 하는 일이 우리에게도 기쁜 일이 된다. 그것은 우리의 영적 성장과 성숙의 과정이다. 느리고 지속적인 과정

이지만, 삶 속에서 펼쳐지는 것을 보면 매우 놀랍다.

완전함과는 거리가 멀다

당연히 이 점에서 우리는 완벽하지 않다. 우리의 악한 본성 안에는 하나님을 기쁘게 해드리려는 마음이 아니라 자신을 기쁘게 하려는 마음이 가득하다. 따라서 우리는 항상 우리의 순종을 진행 중인 과정으로 이해해야 한다. 바울은 이렇게 말한다.

"더욱 많이 힘쓰라…… 하나님의 뜻은 이것이니 너희의 거룩함이라" (살전 4:1, 3)

하나님은 우리가 거룩하기를 바라신다. 그런데 그 의미는 무엇인가?

바울은 앞 장에서 우리의 삶 속에 성령님이 계시는 것이 우리로 하여금 그리스도를 닮아가게 하려는 것임을 확실히 밝혔다. 하나님은 우리를 그의 아들, 예수님의 형상으로 만들어 가기 원하신다.

"하나님이 미리 아신 자들을 또한 그 아들의 형상을 본받게 하기 위하여 미리 정하셨으니" (롬 8:29)

세상의 기초를 세우실 때부터 하나님은 그리스도 안에서 우리를 택하

서서 우리가 그의 형상을 닮아갈 수 있게 하셨다. 하나님은 우리가 예수님을 닮기 원하신다. 우리가 믿음으로 하나님을 의지할 때 하나님의 기대와 계획은 그런 변화가 일어나는 것이다.

그러나 그런 변화는 하룻밤 사이에 일어나지 않는다. 데살로니가전서 4장에 나타나 있듯이 우리는 점점 "더 많이" 힘 쓴다. 어제보다 오늘 더 그리스도와 비슷하지만, 내일은 오늘보다 더 그리스도를 닮을 것이다. 우리의 성장은 아직도 진행 중이다. 성령님에 의해 우리는 모두 성장하는 과정에 있다. 사랑과 긍휼의 행동을 보이다가도 또다시 이기적으로 행동한다. 나는 때때로 스스로에게 실망하지만 다시 용기를 얻는다. 적어도 내가 경험하고 있는 것이 그리스도인의 여정에서 지극히 정상적인 과정이라는 걸 알기 때문이다.

더 좋은 소식은 빌립보서 1장 6절에 나오는 바울의 말에서 들을 수 있다.

"너희 안에서 착한 일을 시작하신 이가 그리스도 예수의 날까지 이루실 줄을 우리는 확신하노라"

우리는 불완전하다. 그러나 하나님께서 그 일을 완성하실 것이다. 우리가 영광 중에 주님을 뵐 때 주께서 우리를 완전케 하실 것이며, 그것은 이 과정 중에 있는 우리에게 용기를 주고 힘을 주는 약속이다. 따라서 그 과정을 이해하는 것도 우리의 성장의 한 부분이다. 우리는 "거룩해지고"

있다(살전 4:3). 누구나 그리스도 안에서 영적인 길을 가다 보면 세 가지 일이 일어난다.

1) 의롭다 함을 얻고, 2) 거룩해지고, 3) 영화롭게 된다.

당신이 의롭다 함을 받는 것은 그리스도를 당신의 구주로 영접하고 그의 피로 구속받을 때 일어나는 일이다. 그의 의로움이 당신에게 전가되고, 그로 인해 당신은 하나님 앞에 의로운 자로 인정을 받는다.

바울은 로마서 3장 23-24절을 통해 이렇게 말한다.

"모든 사람이 죄를 범하였으매 하나님의 영광에 이르지 못하더니 그리스도 예수 안에 있는 속량으로 말미암아 하나님의 은혜로 값없이 의롭다 하심을 얻은 자 되었느니라"

당신의 죄들로 인해 더 이상 당신이 비난받지 않으며, 그 죄들을 그리스도께서 짊어지셨다. 영화롭게 되는 것은 마지막에 일어나는 일이다. 의롭다 함을 받는 것과 영화롭게 되는 것 사이에 거룩해지는 성화 단계가 있다. 그리스도 안에서 당신을 구속하신 하나님이 당신의 삶과 마음을 변화시켜 당신이 점점 더 하나님이 원하시는 것을 원하도록 만드시는 과정이다. 당신의 마음은 하나님의 마음을 나타내기 시작하며, 그 과정은 남은 평생 동안 계속된다. 하나님이 우리의 삶 속에서 역사하시는 이야기는 점진적으로 펼쳐지므로 시간이 지나면 달라진다.

당신의 간증은 "저는 기독교 가정에서 자랐습니다."라는 것에 머물지 않는다. 그것은 작년에 하나님이 당신을 변화시키신 이야기이며, 당신이 3년 전보다 오늘 얼마나 더 그리스도를 닮게 되었는가 하는 이야기이다. 이것에 대해 생각하는 시간을 갖지 않으면 우리는 실질적 성장을 보지 못한다. 반드시 그런 시간을 가지도록 하라!

분명 우리는 완전하지 않다. 그러나 우리의 마음이 하나님을 사랑하고자 할 때에 우리는 하나님이 기뻐하시는 일을 행하려 한다. 성령님이 우리에게 능력을 주실 때 우리는 받은 구원에 기쁘게 반응하며 하나님이 말씀하시는 것을 "더욱더" 행하게 된다. 물론 우리는 걷다가 넘어질 것이다. 하지만 다시 일어나 우리의 죄를 자백하고 다시금 예수님의 제자가 되기로 결심한다.

하나님은 우리가 완전하지 않다는 것을 아신다. 하지만 그가 이끄시는 방향으로 나아가기를 기대하신다. 하나님이 우리에게 원하시는 사람으로 점점 더 변화되어 간다. 예수님의 사랑과 은혜를 나타내는, 살아있는 증인이 되는 것이다. 하나님은 우리가 즉시 영적인 거인들이 되기를 기대하지 않으신다. 그러나 우리가 예수님의 제자가 되는 것이 무엇을 의미하는지 이해하며 성장하고 성숙해가기를 기대하시고 또 바라신다.

진실이 드러나는 곳

우리의 문화를 고려할 때, 바울이 그의 교훈을 설명하기 위해 사용한 예를 언급하지 않을 수가 없다. 그는 우리의 성적 행위가 하나님에 대한 신실하고 영원한 사랑을 나타내는 것이어야 한다고 말한다. 바울이 성화에 관한 이 요점을 설명하기 위해 하필 이 예를 선택한 이유는 무엇일까? 왜 그렇게까지 했을까?

여기 그 이유가 있다. 당시에는 이교도의 성적 의식들이 만연했다. 남자들이 꼭 자기 아내하고만 성관계를 가질 필요는 없다는 관념이 널리 용인되었던 것은 말할 것도 없다. F. F. 브루스는 "남자는 부인, 첩, 매춘부를 따로 두고 각자 다른 의무를 수행하게 했을 것이다. 그의 아내는 가정일을 돌보고 그의 합법적인 자녀들이자 상속자들의 어머니가 되어야 했다."고 말했다.[2] 가슴이 아플 정도로 지금 우리 문화와 비슷해 보이는 그 문화를 향해 하나님은 말씀하신다.

"각각 거룩함과 존귀함으로 자기의 아내 대할 줄을 알고 하나님을 모르는 이방인과 같이 색욕을 따르지 말고"(살전 4:4-5)

우리는 하나님을 사랑해야 하며, 그를 기쁘시게 하는 일을 행함으로써 그를 사랑한다. 그리고 그를 기쁘시게 하는 일은 그의 말씀대로 행하는 것이다. 또 우리가 우리 몸을 잘 절제하여 하나님을 영화롭게 할 때 하나님이 기뻐하신다. 그러나 비통하게도 오늘날의 우리가 살고 있는 문화는 그렇지 못하다.

우리가 이 말씀으로부터 하나님을 기쁘시게 하는 일이 무엇인지를 진지하게 생각해보기를 기도한다. 그럴 때 우리 자신이 만들어낸 윤리가 아니라 기독교 윤리에 따라 살기 시작할 수 있을 것이다.

감사하게도 바울은 부정적인 예에서 긍정적인 예로 나아간다. 우리 몸을 절제하고, 이제 무엇을 해야 하는가?

서로 사랑하라. 바울은 말한다.

"너희들 자신이 하나님의 가르치심을 받아 서로 사랑함이라…… 형제들아 권하노니 더욱 그렇게 행하고" (살전 4:9-10)

우리는 더욱더, 점점 더 많이 사랑해야 한다. 그리스도는 무슨 본을 보였는가? 사랑이다. 줏대 없고 값싼 사랑이 아니라 품위 있고 희생적인 사랑이다. 하나님은 우리가 그의 말씀대로 행할 때 기뻐하시며, 그의 말씀은 "서로 사랑하라"는 것이다. 그것은 우리의 행위로 드러난다.

달러스 윌라드는 그의 책에서 이렇게 이야기한다.

당신의 생각대로 행하고 당신의 욕망을 채우는 것을 삶의 지침으로 삼는 것을 포기하지 않는 한 당신은 행위나 성품에 있어 윤리적인 사람이 될 수 없다. 그것이 예수님께서 가르치시고 행하신 사랑의 윤리적 의미이다.[3]

하나님에 대한 사랑, 즉 사랑의 행위는 우리가 자신이 기쁜 것을 멈추고 하나님을 기쁘게 해드리려고 노력할 때 나타난다. 예수님이 하신 일이 바로 그것이다. 예수님은 아버지의 뜻에 자신의 뜻을 굴복시키셨기 때문에 우리에 대한 사랑을 나타내셨다. 십자가를 직면하고 예수님은 말씀하셨다.

"내 원대로 마시옵고 아버지의 원대로 되기를 원하나이다" (눅 22:42)

이것은 기독교 신앙에서 아주 중요한 순간이다. 우리는 본성적으로 하나님이 원하시는 것을 원하지 않는다. 특히 그것이 일반적이지 않은 문화에서는 더더욱 그렇다. 사람들은 우리를 이상한 사람으로 취급할 것이다. 우리를 배척하고 핍박하며 우리가 지키는 기준을 비웃을 것이다. 우리가 선택하는 음악이나 춤이나 관용이나 영화, 또는 친구들이 일반적인 것은 아닐 것이다. 그러나 중요한 것은 그 모든 것이 하나님을 사랑하는 마음에서 비롯된다는 것이다.

스펄전은 "탕자를 향한 헤픈 사랑"이라는 설교에서 이렇게 말한다.

> 우리 중에 어떤 사람들은 너무 행복해서 못살겠다는 것이 어떤 것인지 안다. 때로는 하나님의 사랑의 체험이 너무 강력해서, 하나님께 더 이상은 감당할 수 없으니 그 기쁨을 멈춰 달라고 간구해야 할 정도다. 하나님이 그의 사랑과 영광을 조금이라도 가려 주시지 않으면 견딜 수 없을 것 같다.[5]

스펄전에게, 하나님의 사랑을 그토록 명확하게 안다는 것은 정말 놀라운 일이었다. 그 말이 오로지 율법을 따르는 데만 전전긍긍하는 사람의 말처럼 들리는가? 당연히 그렇지 않다. 우리가 하나님께 사랑을 받을 때는 그 사랑이 너무나 풍부하고 충만하여 다른 것은 아무것도 중요하지 않다. 우리는 하나님을 기쁘게 해드리기 원하며, 그 과정에서 다른 사람을 불쾌하게 하거나 또는 그 결과 우리 자신이 배척을 당하거나 거절을 당하더라도 괜찮다. 우리의 삶 속에서 하나님의 강력한 사랑을 경험하는 것보다 더 놀라운 일은 없기 때문이다.

우리가 때때로 듣는 말과 달리, 그리스도를 영접하는 것은 언제나 완벽한 결말로 이어지지 않는다. 그리스도는 죄인들 안에 거하신다. 전쟁은 끝났지만, 우리는 여전히 매일 원수와 싸우고 있다. 이것은 우리가 성화되고 있으며, 매일 예수 그리스도를 따르는 자로서 진실하게 살려고 노력하고 있음을 의미한다.

하나님이 일하고 계신다. 하나님은 신실하시다. 하나님께서 어느 날 우리 각 사람을 모두 완전하게 만드실 것이나, 아직은 거기까지 이르지 못했다. 실망하지 마라. 하나님이 예수 그리스도 안에서 부어주신 넘치는 사랑에 초점을 맞추고, 그 사랑에 즐겁게 반응하라. 하나님을 사랑하라. 점점 더 하나님의 뜻에 당신의 뜻을 복종시키라. 매일 신실한 순종의 수레에 짐을 싣다 보면, 몇 년이 지난 후 더욱더 예수님을 닮은 당신의 모습을 보게 될 것이다.

내가 복음을 부끄러워하지 아니하노니
이 복음은 모든 믿는 자에게 구원을 주시는 하나님의 능력이 됨이라 (롬 1:16)

지금 내 모습, 또는 내가 바라는 모습은 어설픈 아류에 불과하지만,
이렇게 봉사하며 난 살고 싶다. 이렇게 봉사하며 죽고 싶다. - 데이비드 리빙스턴

자기가 잃을 수 없는 것을 얻기 위해
계속 갖고 있을 수 없는 것을 버리는 사람은 바보가 아니다. - 짐 엘리어트

세상이 알지 못하는 길
그리스도를 위해 사는 것이 우리 문화를 거스르는 이유

우리 모두 때로는 적당히 시야를 넓힘으로써 유익을 얻을 수 있다. 현재 우리를 사로잡고 있는 문제들로부터 눈을 돌려 세상 많은 사람들이 경험하고 있는 더 큰 문제들에 초점을 맞추게 되는 중요한 순간이 있다. 내게는 지난 주말이 그랬다.

아프가니스탄의 선교사 부부가 우리 교회를 방문했다. 예수님의 사랑을 따라 삶을 살고 있는 그들은 우리에게 많은 감화를 주었다. 그리고 그들은 사메라는 이슬람 남자에 대한 더 감동적인 얘기를 들려주었다. 결혼해서 자녀가 네 명 있는 그는 예수님을 영접하고 그리스도인이 되었다. 사메는 위험을 무릅쓰고 자기가 예수님을 따른다는 것을 사람들에게 알렸다. 많은 사람들이 그를 배척하고 비방했으며 정부의 위협까지 있었다. 하지만 그는 멈추지 않았다. 결국 그는 감옥에 갇혔다. 그래도 그는 간증을 계속했다. 간수들과 다른 죄수들에게 복음을 전했는데, 그 중에 옆 방에는 탈레반 단원도 있었다. 사메는 거의 매일 매를 맞았고, 여기에 차마 쓰지 못할 정도로 끔찍한 고문도 받았다. 그들 부부와 사메는 매일 함께 기도했다. 계속 구타를 당하면서도 그는 신앙을 버리지 않았다. 그러던 어느 날, 사메가 그날 밤 자다 깨 보니 그 탈레반 단원이 그의 방 모퉁이에 무릎 꿇고 앉아 이렇게 말했다.

"예수님을 봤어요. 예수님이 당신과 이야기를 나누라 하셨어요."

탈레반 단원은 예수님이 흰 옷을 입고 영광 중에 빛나는 환상을 보았다. 예수님은 그에게 사메의 말을 들어야 한다고 말씀하셨다.

그날 밤 사메는 그 사람을 주님께 인도했다. 이후 기적적으로 하나님이 개입하셨고, 사메는 아홉 달 뒤에 감옥에서 풀려났다. 오늘날 사메와 가족들은 안전하게 잘 지내고 있으며, 삶으로 하나님을 섬기며 영광 돌리고 있다. 이 모든 경험 동안에도 사메는 늘 겸손하고 기쁨이 넘치고 감사하는 태도를 보여줬다고 했다. 하나님의 임재로 끔찍한 학대를 능히 견뎌낼 수 있었던 것이다. 우리 모두 그리스도인의 삶이 어떠해야 하는지에 대해 다시 생각하게 만든 중요한 이야기였다.

그 후 며칠 동안 한 가지 질문이 마음속에서 떠나질 않고 나를 괴롭혔다. 아마 당신도 똑같은 질문이 떠올랐을 것이다. 내가 만일 사메의 처지에 있었다면 어떻게 했을까? 나라면 과연 예수 그리스도에 대한 신앙 고백에 충실하기 위해 그런 끔찍한 상황들을 견뎌냈을까? 대부분의 사람들은 그 질문에 대한 답을 알지 못할 것이다. 실제로 그런 상황에 처하지 않을 것이기 때문이다. 그러나 사실 우리는 거의 매일 같은 문제에 직면한다. 물론 그처럼 혹독하지는 않지만 말이다. 우리들 대부분은 예수님을 전한다고 해서 육체적으로 위협을 받거나 감옥에 가거나 하지 않는다. 그러나 여러 가지 방법으로 문화적 반대에 직면한다.

　오늘날의 문화 속에서 그리스도를 영화롭게 하는 진실한 삶을 산다는 것은 곧 배타적이고 편협하다는 비난을 받게 될 것을 의미한다. 우리는 스스로를 지적이라 여기는 사람들, 하나님을 믿는 것이 과학적으로 어긋난다 믿는 이들로부터 무시당하는 것을 느낄 것이다. 어떤 행위나 신념들을 찬성하거나 용납하지 않으면 남을 판단한다는 비난을 받을 것이다. 우리가 공공연하게 예수님을 전하면 "광신도"로 낙인찍히거나 개인의 권리를 침해한다는 비난을 받을 것이다. 가족들, 함께 일하는 동료들, 친구들, 이웃 등에게. 우리는 그것이 어디서 오는지 잘 알기 때문에 거부, 불안감을 갖게 된다. 마음속에서 의심이 생기기 시작한다. '어쩌면 그들의 말이 맞을지도 몰라.' 하는 생각이 든다.

　그다음 우리는 타협하기 시작하며 굴복한다. 믿음의 경기장 한복판에서 구석으로 나와 있는 우리 자신을 발견하게 된다. 다른 사람들과 어울려 잘 지내려 하고, 그렇게 행동한다. 예수님에 대해 많이 이야기하지 않는다. 그 결과 우리는 그리스도를 따르는 것이 매일 매일의 헌신이라는 것을 잊어버린다. 세상과 똑같은 방식으로 살아간다. 집에 오면 마음이 너무 괴롭다. 내적 갈등이 실제로 벌어진다. 우리는 예수님을 믿는다. 하나님을 사랑한다. 하지만 사메처럼 진정으로 예수 그리스도의 복음을 전하며 살 능력은 없는 것 같다. 하나님의 뜻과 소명에 순종하기보다 주변 사람들의 의견과 압력에 굴복한다.

나는 목사임에도 때때로 그런 느낌이 든다. 공개적으로 그리스도를 위해 살 기회가 왔는데 내가 받아들이지 않을 때 심히 죄책감이 든다. 당신도 그럴 거라 생각한다. 앞 장에서 진실하게 사는 데는 시간이 필요하다고 말했지만, 용기도 필요하다. 더 큰 하나님 나라를 바라봄으로써 생기는 용기 말이다. 우리가 더욱더 그리스도를 닮아가려면 믿음으로 살기를 두려워하는 마음이 어디서 왔는지 살펴보아야 한다. 진정으로 사람들 앞에서 예수님을 위해 사는 것을 꺼리는 마음은 무엇 때문에 생기는 것인가?

사랑이 부끄러움을 이긴다

몇 달 전에 아내와 쇼핑을 하러 갔다. 그리고 아내가 다른 상점을 둘러보는 동안, 나 혼자 그녀의 여성용 가방을 대신 들고 거리를 걸었다. 처음에는 약간 부끄럽다는 생각이 들었지만, 아내를 사랑하기에 그 느낌이

나쁘지 않았다.

'괜찮아. 내겐 다른 사람들의 생각보다 아내가 더 중요하니까.'

아내와 나의 관계에서 그녀에 대한 나의 사랑이 부끄러움이나 당혹스러운 감정을 이긴 것은 그때가 처음이 아니었다. 우리가 데이트할 때는 사람들이 지나다니는 공원에서 담요를 깔고 앉아 내가 기타를 치면서 "웨딩송"을 불러 준 적도 있었다. 부끄러움 따위는 상관없었다. 나는 이 여자와 사랑에 빠져 있었고, 그것보다 더 중요한 것은 없었다.

내가 배운 것은 이것이다. 사랑이 부끄러움을 이긴다. 늘 그랬고, 앞으로도 그럴 것이다. 때로 우리는 다른 사람을 사랑하기 때문에 개인적인 부끄러움을 무릅쓰고 평소 같으면 절대로 하지 않을 이상한 짓들을 한다. 부끄러움은 강력한 감정일 수 있다. 우리들 대부분은 그것이 어떤 느낌인지 적어도 조금은 안다. 대충 정의하면, 부끄러움은 "다른 사람들 앞에서 부족함을 인식하거나 죄책감을 느낌으로써 오는 고통스러운 감정, 치욕스러운 상태"이다.

우리의 삶에 외적인 힘들이 가해지면 스스로 부족함을 느끼거나 죄책감을 느낀다. 그리고 그런 감정들은 다른 사람들이 그 상황을 안다는 사실 때문에 더 악화된다. 우리는 세상 사람들이 보는 앞에서 망신을 당한 것처럼 느낀다. 우리는 솔직하고 본능적인 수치심을 알며, 그것은 우리의 믿음과 그리스도의 제자로서의 삶과 중요한 관계가 있다.

세상이 기독교의 기초로부터 점점 더 멀어질수록 믿음을 가진 사람들은 자주 자신이 믿는 것에 대해 부끄러움을 느끼게 된다. 그것이 우리의 거리낌의 이유이다. 그 때문에 우리는 후퇴하거나 입을 다물거나 남들과 어울리게 되는 것이다. 그것은 매우 강력한 느낌이며, 우리는 그것을 피하고 싶어 한다. 그러면 우리가 예수 그리스도의 제자로서 살아가는 것에 대해 생각할 때 어떻게 이것에 대처하는 법을 배울 수 있을까? 어떻게 하면 종종 우리 안에 수치심을 유발할 수 있는 세상 속에서 예수님의 제자로서 진실하게 살아갈 수 있을까?

이러한 질문들에 대한 유력한 답들은 바울의 가장 완전한 신학적인 글의 첫 부분에서 발견된다. 바로 로마서다. 로마의 문화가 복음에 가장 거세게 반대했기 때문에 그러한 기반이 반드시 필요했다.

이러한 개념은 바울의 글에서 흔히 볼 수 있었다. 고린도전서 1장 23절에서 바울은 복음이 "유대인에게는 거리끼는 것이요 이방인에게는 미련한 것"이라고 했다. 이방인들은 복음을 오직 미련한 것으로 여겼다. 능력의 하나님이 인간이 되셨을 뿐만 아니라 가장 수치스러운 십자가 형벌에 처할 만큼 굴욕을 당하셨다는 것은 기이하고 부끄럽기까지 한 사상이었다. 이방인들 사이에서 그런 사상은 거의 터무니없는 것으로 간주되었다. 그래서 바울같이 그런 메시지를 선포하는 사람을 굉장히 멸시했다. 복음의 사상이 대부분의 이방인들에게 부끄러운 것이었다는 사실은 곧 바울이 청중에게 다가가기가 매우 힘들었음을 의미한다. 그들은 오늘날 우리가 살고 있는 문화와 매우 비슷했다.

세상 문화는 십자가의 중요성을 최소화하려고 애를 쓴다. 그것은 여러 가지 가능한 선택 사항들 가운데 하나로 간주된다. 복음을 영원히 유일하게 권위 있는 진리로 믿고, 실제로 그리스도를 따르고 순종하려 하는 우리가 사람들에겐 바보처럼 보일 것이다. 그러므로 그런 상황에 처할 때 우리는 어떻게 대처할 것인가?

먼저 그런 감정이 충분히 극복할 수 있는 것임을 알아야 한다. 물론 다른 사람들이 우리를 공격하고 창피를 주려고 하겠지만, 우리는 그들이 주려고 애쓰는 그 수치심을 꼭 받아들일 필요가 없다. 우리는 하나님을 향한 깊고 순결한 사랑으로 그 수치심을 이겨낸다. 명심하라. 사랑이 부끄러움을 이긴다. 바울은 로마서 1장 9절에서 "내가 그의 아들의 복음 안에서 내 심령으로 섬기는 하나님"이라고 말한다. 바울은 전심으로 하나님을 섬겼다. 아무 망설임이 없었다. 그는 하나님을 온전히 사랑했고, 그 이유는 그를 향한 하나님의 사랑의 깊이를 알았기 때문이라 생각한다.

바울은 다메섹으로 가는 길에 하나님을 만났다(행 9장). 그는 하나님의 능력을 직접 보았다. 바울이 오랫동안 복음을 적극적으로 반대하며 살았지만, 하나님은 그의 무한한 은혜로 바울의 생명을 구속하셨고 그의 마음을 변화시키셨다. 그래서 바울은 완전히 헌신했다. 자신이 무엇으로부터 구원받았는지를 강렬하게, 깊이 깨달았기 때문에 바울은 하나님을 위해 못할 일이 없었다. 그는 하나님의 사랑의 크기를 알았다.

우리가 하나님과의 순수한 관계 속에서 매일 그의 사랑에 흠뻑 빠져 살면, 우리에게 찾아올 수 있는 수치심도 상대적으로 무색해진다. 우리는 창세기 2장 25절에서 이것을 흐릿하게 볼 수 있다.

"아담과 그의 아내 두 사람이 벌거벗었으나 부끄러워하지 아니하니라"

그들이 부끄러움을 느끼지 않았던 것은 하나님의 지속적인 사랑의 순수함과 영광으로 옷을 입고 있었기 때문이다. 아직 죄가 들어오지 않았을 때다. 그 순간의 순수함 속에는 사랑 외에 아무것도 없었고, 그래서 부끄러움도 없었던 것이다.

수치심이 극복하기 쉬운 감정은 아니지만, 그리스도를 통해 우리는 그것을 극복할 수 있다. 우리 교회에서 내가 굉장히 존경하는 사람이 있다. 그는 회사에서 실직을 했다. 그러나 그에겐 부양해야 할 아내와 두 자녀가 있었다. 상황이 더 악화되어 그들의 두 번째 차가 망가졌는데 고칠 돈이 없었다. 일자리를 구해야 했지만, 아내가 출근을 하려면 나머지 한 대의 차를 써야 했고 또 자녀들도 보살펴야 했다. 그래서 그는 자정부터 새벽까지 건물 청소를 하는 일자리를 구했다. 그는 매일같이 자전거를 타고 땀을 뻘뻘 흘리며 먼 길을 달렸다. 우리는 흔히 상대에게 직업을 묻는다. 그는 그 일을 하면서 자존심이 상했을 것이다. 그래도 빠지지 않고 매주 교회에 나왔다.

왜 그랬을까? 사랑이 부끄러움을 이기기 때문이다. 아내와 아이들에 대한 사랑이 세상의 시선에 대한 두려움을 이겼을 뿐만 아니라 하나님을 향한 사랑이 수치심과 자존심을 이긴 것이다. 그는 자기가 해야 할 일을 했다. 다행히도 그 가족에게 어려운 시기는 지나갔다. 우리가 예수 그리스도의 제자로서 신실하게 살기 원한다면 그와의 관계가 더 깊어져야 한다. 그러면 그를 향한 우리의 사랑이 항상 다른 사람의 생각이나 행동에 대한 두려움을 대신할 것이다. 사메는 그 사랑을 알았고, 우리도 그 사랑을 알 수 있다고 생각한다.

주의를 집중하라

우리는 잘못된 렌즈를 통해 세상을 바라보기 때문에 관점이 왜곡된다. 우리는 분명히 보지 못하거나 완전히 잘못된 것들을 바라본다. 나는 학창시절 농구 선수로 뛸 때 길고 긴 슬럼프를 겪었던 적이 있다. 당시 유망한 선수였던 나는 어느 날 갑자기 골을 넣을 수가 없었다. 시간이 길어질수록 그것은 더욱더 정신적인 문제가 되었다. 코치님이 내게 물었다.

"데이비드, 공을 던지려고 나갈 때 어딜 보고 있니?"

"코치님, 잘 모르겠어요."

대개는 골대를 처다보았지만, 뚜렷한 초점이 없었다. 그가 말했다.

"골대 앞에서 한 지점을 선택해 공을 바로 그 위로 던지려고 노력해봐."

매우 단순한 말이었지만, 효과가 있었다. 한번에 많은 것을 보던 내가 정확히 한 지점만 바라보자 모든 것이 달라졌다. 슬럼프는 끝났다.

이것은 그리스도를 위해 진실하게 살아가는 데 있어 극히 중요한 요소다. 우리는 무엇을, 또는 누구를 바라보고 있는가? 분명한 초점을 가지고 우리 삶의 목적을 이해하고 있는가? 우리의 관점이 분명히 하나님 나라의 더 큰 그림에 초점을 둘 때 우리는 복음을 부끄러워하지 않는 자들로서 자신의 참정체성을 따라 사는 법을 배운다.

바울은 말한다.

"내가 복음을 부끄러워하지 아니하노니 이 복음은 모든 믿는 자에게 구원을 주시는 하나님의 능력이 됨이라"(롬 1:16)

바울은 어떤 대가를 치르더라도 다른 사람들의 견해에 초점을 두지 않겠다고 말한다. 그는 오로지 하나님 나라에 초점을 둘 것이다. 그것은 삶과 죽음의 문제이기 때문이다. 복음은 유일한 구원의 희망이다. 따라서 다른 것, 다른 견해들은 모두 비교적 중요하지 않다. 그 외에는 아무것도 중요하지 않다. 만일 당신이 그런 생각을 갖고 있지 않다면 그렇게 살지도 않을 것이다. 예수님을 믿는 신학 모임에 참여하는 것이 단지 하나님께로 가는 여러 가지 길 중 하나라고 믿는다면, 당신은 그것을 위해 아무 위험도 감수하지 않을 것이다. 그것은 그만한 가치가 있는 일이 아니다.

하지만 당신이 알고 있는 성경의 진리를 다른 사람들이 듣느냐 못 듣느냐에 따라 그들이 영원히 살 수도 있고 죽을 수도 있다고 믿는다면, 그것의 중요성이 복음을 전하는 것의 잠재적 위험을 압도해 버릴 것이다. 당신은 부끄러움을 감수할 것이다.

로마서 1장 14절에서 바울이 "헬라인이나 야만인이나 지혜 있는 자나 어리석은 자에게 다 내가 빚진 자라"고 말할 때 이 사실이 더욱 드러난다. 중요하지 않은 말처럼 들릴지 모르겠지만, 그것은 그 문화 속에서 나타나고 있던 현상을 매우 명확하게 보여준다. "야만인"이라는 단어는 매우 경멸적인 의미를 담고 있다. 야만인은 이상한, 혹은 이해할 수 없는 언어를 사용하는 사람, 세련되지 못하거나 남보다 못한 사람, 가치가 거의 없는 사람을 뜻한다. 바울은 본질적으로 이렇게 말하는 것이다.

"보아라, 여기 꼭 명심해야 할 더 큰 그림이 있다. 복음은 모든 사람을 위한 것이며, 너희 생각에 너희보다 못한 사람들에게 내가 복음을 전한다고 해서 나를 하찮게 생각한다면, 너희는 복음이 무엇인지를 완전히 놓치고 있는 것이다."

내가 1980년대 말에 에이즈 사역에 가담한 이유가 그것이다. 나는 그것이 환자들에게는 생사의 위기라고 믿었다. 그들 중 다수가 친구들과 가족들에게 배척을 당했고, 그 이유는 주로 그 병과 연관된 수치심 때문이었다. 그들은 외로웠다. 그래서 나는 하나님이 그곳에서 복음이 전해지길 원하신다고 믿었다.

우리는 인정하고 싶지 않지만, 행위로나 사회적 지위로나 다른 사람들이 우리보다 못하다고 느낄 수 있다. 잠재의식적으로 다른 사람들이 어떻게 생각할까 하는 두려움 때문에 어떤 사람들과 같이 있는 모습을 보이지 않으려 한다. 바울은 우리의 언어를 사용하지 않는 사람들, 문화적으로 저급하게 여겨지는 사람들, 또는 우리 문화가 완전히 배척하는 사람들을 못 본 척하지 말아야 한다고 말한다.

그리스도를 위해 산다는 것은 복음을 부끄러워하지 말아야 한다는 뜻이다. 하지만 그것은 또한 하나님이 만드신 모든 이에게 복음 전하는 것을 부끄러워하지 말아야 한다는 뜻이기도 하다. 우리는 세상에서 수치를 당한 사람들에게 나아가 복음을 전한다. 왜 그런가? 우리가 부끄러워하지 않기 때문에, 더 큰 하나님 나라를 알고 있고 이 세상의 영적 싸움에서 이기는 자들과 지는 자들이 있다는 것을 알기 때문에 나아가는 것이다.

기도로 준비하라

이 세상에서 참으로 하나님의 일을 하고 싶다면 절대로 우리 자신의 힘을 의지하거나 우리의 힘으로 성취하려 하지 말아야 한다. 성령님을 통해 우리 안에 살아 계시는 하나님의 힘과 능력에 굴복해야 한다. 복음을 부끄러워하지 않는 자로 살려면 우리와 그리스도의 관계의 중심에 기도가 있어야만 한다. 바울의 말을 들어 보자.

"항상 내 기도에 쉬지 않고 너희를 말하며…… 너희에게로 나아갈 좋은 길 얻기를 구하노라"(롬 1:9-10)

그는 또한 9절에서 "하나님이 나의 증인이 되시거니와"라고 말한다.

그런 말을 할 수 있다는 것은 그만큼 바울이 하나님에 대한 확신을 갖고 있다는 뜻이다. 많은 이들이 바울을 바보라고 생각했지만, 그는 하나님의 임재 안에 있어 왔기 때문에 어떤 부끄러움도 이겨낼 수 있었다. 우리는 가장 많은 시간을 함께 보내는 사람들에게 가장 자주 마음이 향하는 것이 사실이다. 마가복음 1장 35절은 이렇게 말한다.

"새벽 아직도 밝기 전에 예수께서 일어나 나가 한적한 곳으로 가사 거기서 기도하시더니"

예수님의 사역은 항상 기도가 중심이셨다. 예수님은 하나님과 함께 계셨고, 그래서 늘 하나님이 이끄시는 방향으로 향했다. 그는 항상 하나님의 뜻을 행하는 것에만 치중했고 다른 것은 아무것도 신경 쓰지 않았다. 자연히 당신은 당신과 함께 시간을 보내는 사람들이 무슨 생각을 하는지에 관심을 가질 것이다. 그들에게 마음이 향할 것이다. 그들 앞에서 부끄러워하지 않는 것이 당신의 우선순위가 될 것이다.

그러나 당신이 신실한 기도를 통해 하나님과 함께 있을 때는 우선순위가 달라진다. 하나님이 무슨 생각을 하시는지, 하나님이 무슨 말씀을 하시는지, 하나님께 무엇이 중요한지에 더 관심을 갖게 된다. 당신이 하나님과 함께해 왔기 때문이다.

이것은 분명한 문제를 제기한다. 우리와 함께 시간을 보내는 사람들, 또는 우리가 기쁘게 해주기 원하는 모든 사람들 가운데 가장 중요한 이는 누구인가? 다른 사람들이 당신을 어떻게 생각할지 걱정이 되어 복음을 전하기가 부끄럽고 망설여지는가? 아니면 하나님께 큰 사랑을 받고 하나님과 사랑에 빠져서 그를 섬기는 일에 가슴이 불타는가? 우리는 그 질문에 답해야 한다. 그 답이 우리의 삶에 매우 중요한 영향을 미치기 때문이다.

하나님은 이것에 대해 매우 진지하시다. 예수님은 "누구든지 이 음란하고 죄 많은 세대에서 나와 내 말을 부끄러워하면 인자도 아버지의 영광으로 거룩한 천사들과 함께 올 때에 그 사람을 부끄러워하리라"(막 8:38)고 말씀하신다. 하나님은 우리가 확실하고 용감하게 그를 지지하지 않으면 그도 우리를 지지하지 않으신다고 말씀하신다.

하나님의 말씀이 때로는 어려울 수 있고, 그리스도를 따르는 일이 항상 쉽지만은 않다. 예수님을 따르는 삶의 축복과 상급이 그 어떤 결과보다 더 크지만, 우리가 계속 진리를 바라보기 위해서는 하나님과 함께 시간을 보내야만 한다. 그리고 우리는 주로 기도를 통해 하나님과 시간을 함께 보낸다.

하나님은 우리를 그의 신실한 제자로 부르셨다. 그리고 우리가 더 넓은 관점으로 인생에서 정말로 중요한 것을 바라볼 때 세상적인 부끄러움 따위는 그리 신경 쓰지 않게 될 것이다. 중요한 것은 하늘 아버지께서 그날 우리에게 "잘하였도다 착하고 충성된 종아"(마 25:21)라고 말씀해주실까 하는 것이다.

히브리서 12장 2절은 "믿음의 주요 또 온전하게 하시는 이인 예수를 바라보자 그는 그 앞에 있는 기쁨을 위하여 십자가를 참으사 부끄러움을 개의치 아니하시더니"라고 말한다. 예수님은 자기 앞에 놓인 기쁨의 더 큰 그림 때문에 부끄러움을 견디셨다. 그리고 그가 우리 안에 사실 때 우리도 그와 같이 살아야 한다. 그가 우리의 부끄러움을, 우리의 죄와 어두움을 거두어 가셨다. 그 결과 하나님의 영광을 위해 사는 것이 우리 삶의 초점이 되고 우리의 기쁨의 근원이 된다. 믿음 때문에 박해를 받던 아프리카 목사님이 썼다고 알려진 글을 우연히 보았다.

나는 '부끄러움을 모르는 사람들의 단체'에 속해 있다. 나에겐 성령의 능력이 있다. 주사위는 던져졌다. 나는 선을 넘었다. 이미 결단을 내렸다. 나는 예수님의 제자다. 결코 뒤돌아보거나, 약해지거나, 속도를 늦추거나, 뒷걸음질치거나, 가만히 서 있지 않을 것이다. 나의 과거는 구원받았고, 나의 현재는 이치에 맞으며, 나의 미래는 안전하다.

나는 비천한 삶과 난잡한 행보, 작은 계획, 매끄러운 무릎, 퇴색한 꿈, 평범한 비전, 세상적인 대화, 인색한 나눔, 왜소한 목표들을 다 청산했다! 나는 더 이상 탁월함과 번영, 지위, 승진, 칭찬, 또는 인기가 필요하지 않다. 내가 꼭 옳아야 하고, 첫째가 되고, 일등을 하고, 인정받고, 칭찬받고, 존경받고, 상을 받아야 할 필요가 없다. 이제 나는 하나님의 임재로 살고, 믿음에 의지하고, 인내함으로 사랑하고, 기도로 일어서고, 능력으로 일한다.

나의 표정이 정해졌고, 걸음걸이가 빨라졌고, 나의 목표는 천국이며, 나의 길은 좁고, 내가 가는 길은 험하며, 나와 함께 가는 이는 매우 적고, 나의 인도자는 믿을 만하며, 나의 소명은 분명하다. 나는 결코 매수를 당하거나, 타협하거나, 둘러 가거나, 유혹에 빠지거나, 되돌아가거나, 약해지거나, 지체할 수 없다. 나는 희생 앞에서 주춤하거나, 역경 앞에서 머뭇거리거나, 원수의 테이블에서 협상하거나, 인기에 영합하거나, 평범한 삶의 미로를 헤매고 돌아다니지 않을 것이다.

나는 결코 포기하거나, 입을 다물거나, 약해지거나, 지치지 않을 것이며, 말씀을 전하고, 기도하고, 사랑의 빚을 갚고, 그리스도를 위해 늘 깨어 있을 것이다. 나는 예수님의 제자다. 나는 그가 오실 때까지 계속 나아가야 하고, 쓰러질 때까지 베풀어야 하고, 모든 사람이 알게 될 때까지 말씀을 전해야 하며, 그가 그만하실 때까지 일해야 한다.

그러면 주님이 그의 뜻을 행하기 위해 오실 때 아무 문제없이 나를 알아보실 것이다. 내 위에 있는 그의 깃발이 선명하게 보이기 때문이다.[1]

사메가 이와 같은 마음을 품고 있었을 거라 믿는다. 그것은 그의 삶을 통해 나타났다. 나는 내 삶에도 그런 모습이 나타나길 원하지만 나는 아직 거기까지 가려면 멀었다. 그리스도께서 나를 위해 행하신 일을 생각하면, 나 역시 "부끄러움을 모르는 사람들의 단체"에 속하고 싶다. 솔직히 정말로 중요한 것은 오직 복음밖에 없기 때문이다. 예수님이 사랑으로 십자가의 부끄러움을 견디셨을 때 사랑이 부끄러움을 이겼다. 오늘날도 여전히 사랑이 부끄러움을 이긴다. 그것은 모든 믿는 자들을 구원하기 위한 하나님의 능력이다. 하나님이 그리스도 안에서 우리를 위해 하신 일을 생각하며 담대하게 살자. 부끄러움을 모르는 사람들의 단체의 일원으로서 우리의 진정한 정체성을 따라 정직하게 살아가자.

너희가 어느 때까지 둘 사이에서 머뭇머뭇 하려느냐
여호와가 만일 하나님이면 그를 따르고
바알이 만일 하나님이면 그를 따를지니라 하니
백성이 말 한마디도 대답하지 아니하는지라 (왕상 18:21)

그리스도께서 어떤 사람을 부르실 땐 와서 죽으라고 명하시는 것이다. – 디트리히 본회퍼

진정으로 원하는 삶

그리스도께 순종하는 삶이 사실상
당신이 원하는 삶인 이유

잠시 나와 함께 이런 상상을 해보자.

어떤 부자가 당신을 찾아와 그를 위해 최고의 집을 한 채 지어 달라고 부탁한다. 그는 여행을 다녀올 동안 집이 완성되면 좋겠다고 한다. 수당도 잘 준다고 해서 당신은 그 제안을 수락한다. 그가 떠나고 당신은 집 짓는 작업을 시작한다.

작업이 전개되면서, 당신은 더 싸고 질 낮은 건축 자재로 현금을 챙길 수 있다는 걸 알게 된다. 머릿속으로 계산기를 두드려 보니 그런 식으로 하면 돈을 꽤 많이 더 벌 수 있다는 걸 알게 된다. 집주인은 모를 것이다. 어떻게 알겠는가? 그래서 당신은 견고한 구조물로 기초를 짓는 대신, 약간의 돈으로 겉만 번지르르하게 꾸민다. 구조는 약하지만 겉보기에는 기막히게 멋지다. 마침내 집을 완성했다. 수준 미달로 형편없이 지어진 집이지만, 겉보기엔 완벽해 보인다. 정확히 그 사람이 요청한 그대로였다. 그 집의 구조물과 기초가 매우 불안하고 위태롭다는 것을 아는 사람은 당신밖에 없다.

그러던 어느 날 낯익은 한 남자가 당신을 찾아온다. 알고 보니 당신에게 집을 지어 달라고 부탁한 사람의 동생이다. 그는 형이 다른 용무 때문에 집에 돌아오는 일정이 늦춰졌지만, 당신이 오래 기다렸고 매우 애를 썼으니 그 집을 당신에게 주겠다고 한다. 그것은 당신과 당신 가족을 위한 그의 선물이다. 비용은 다 지불되었고 남은 돈도 당신이 가지면 된다.

당신은 문을 닫고 믿기지 않는 눈으로 집문서를 뚫어지게 쳐다본다. 갑자기 당신이 그동안 몰래 돈을 슬쩍했던 것이 생각나 가슴이 아파온다. 당신이 지은 집은 오래가지 못할 것이다. 기초를 제대로 세우지 않았기 때문이다.[1]

이것은 오늘날 우리의 이야기일지도 모른다. 우리는 모두 주인 되신 하나님을 영화롭게 하는 삶을 살기 위해 필요한 자원과 재료들을 받았다. 하나님의 아들, 딸들로서 우리의 진정한 정체성을 따라 진실하게 사는 것이야말로 진정 하나님을 영화롭게 하는 일이라 믿는다. 그러한 삶은 축복과 의미와 목적이 충만한 삶이지만, 솔직히 매우 힘든 것도 사실이다. 이미 말했듯이 그것은 시간과 용기를 필요로 한다. 우리는 이 현실을 잘 고려하여 어떻게 앞으로 나아갈지를 생각해야 한다. 그리고 대가를 치러야 한다.

신실한 삶을 사는 데 꼭 필요한 희생, 즉 아버지의 뜻에 우리의 뜻을 복종시키는 것을 생각하면, 우리가 그 프로젝트에 써야 할 것을 쓰지 않고 가지고 있는 것이 있지 않을까 하는 생각이 든다. 우리는 부분적으로 그리스도를 따르기 원한다. 적어도 너무 많은 희생이 요구되기 전까지는 그렇다. 우리는 자기도 모르게 마음속으로 손익 계산을 해 왔다. 우리가 원하는 것에 해가 될 만큼 멀리까지 그리스도를 따르기는 원치 않는다.

우리는 집을 짓지만, 주인의 프로젝트를 훼방하고 있는가? 그럴 경우 과연 우리는 결국 우리가 원하는 삶(집)에 이르게 되는가, 아니면 어딘가 좀 모자란 삶을 살게 되는가? 사실상 우리가 우리 주머니에서 돈을 훔친 것은 아닌가? 우리는 집을 짓고 있지만, 우리의 마음가짐은 아직 주인에게 넘어가지 않았다. 우리는 그 프로젝트에 전념하지 않으면서, 실제로 우리의 삶이 우리가 생각했던 것만큼 견고하지 않은 것을 보고 깜짝 놀라는 척한다.

우리는 하나님을 갈망하는가?

이것은 지난 3년 동안 나를 괴롭혀 왔던 질문이며, 이 책을 쓰고 싶었던 이유이기도 하다. 그런 이유로 이것을 마지막 장의 주제로 삼은 것이다.

왜 우리는 계속 세상의 인정과 가치의 기준들에 연연할까? 왜 계속 다른 사람들이 어떻게 생각하는지에 그토록 신경을 쓸까? 적어도 대답의 일부분은 우리가 인간이기 때문이라는 것이다. 우리는 죄악된 인간이다.

나는 그리스도인이라 주장하는 대부분의 사람들이 진정으로 하나님을 사랑한다고 생각하지만 솔직히 그들 대부분이 하나님을 갈망하고 있다고는 생각하지 않는다. 우리 안에 영적인 동요가 없다. 참생명은 오로지 그리스도 안에서만 발견된다는 것을 우리가 실제로 이해하고 있다고 생각하지 않는다. 우리는 불꽃이나 타오르는 불길 없이, 어스레한 황혼의 빛 가운데서 산다.

목사로서 나는 특별한 그리스도의 몸에 대한 책임이 있다. 노력하지 않은 것은 아니지만, 어쨌든 내가 섬기는 사람들에게 그들의 삶을 온전히 살아 계신 하나님께 바치도록 가르치고 감화시키지 못했다.

사도행전을 공부하면서 발견한 사실은 하나님의 말씀이 선포되고 그의 백성들이 신실하게 반응할 때 교회가 특별한 영적인 불과 함께 성장한다는 것이다. 그 영적인 불은 제자의 삶과 봉사에 대한 갈급함을 뜻한다. 나는 사도행전에 나오는 성령 충만의 순간들, 즉 어느 장소에 성령의 바람이 불어 바로 그런 갈망과 갱신이 일어났던 순간들이 우리에게도 오기를 자주 기도해왔다. 다음은 초대교회에 일어났던 일을 묘사하는 본문들이다.

"그 말을 받은 사람들은 세례를 받으매 이 날에 신도의 수가 삼천이나 더하더라" (행 2:41)

"주께서 구원 받는 사람을 날마다 더하게 하시니라" (행 2:47)

"말씀을 들은 사람 중에 믿는 자가 많으니 남자의 수가 약 오천이나 되었더라" (행 4:4)

> "하나님의 말씀이 점점 왕성하여 예루살렘에 있는 제자의 수가 더 심히 많아지고"(행 6:7)
>
> "그리하여 온 유대와 갈릴리와 사마리아 교회가 평안하여 든든히 서 가고 주를 경외함과 성령의 위로로 진행하여 수가 더 많아지니라"(행 9:31)

하나님의 말씀이 전파된다. 교회가 성장하고 하나님을 더욱더 갈망하게 된다. 교회와 성도들이 활활 타오른다. 물론 우리는 반대에 직면할 것이다. 하지만 성령에 의해 담대해지며, 초대 교회가 박해를 받음으로써 복음의 불길이 더 활활 타오르고 교회가 더 성장했던 것처럼, 오늘날도 그러해야 한다. 그러나 현실은 그렇지 못하다. 이 나라에서 기독교 신앙이 떠나가고 있다. 기독교 신앙이 영향력을 얻는 것이 아니라 오히려 잃어가고 있다.

대가를 치르자

증거가 있음에도 불구하고, 우리가 정말 그것을 믿는지 확신하지 못하겠다. 대체로 우리는 편안하다. 우리 교회가 잘하고 있고 우리의 영적인 삶이 잘 자리를 잡고 있다고 생각한다.

그게 사실일지도 모르지만, 혹 우리가 너무 쉽게 만족하고 있는 것은 아닐까? 믿음에 대해 배우고 싶은 것을 다 배웠는가? 단지 우리의 필요를 채워 주고 우리를 행복하게 해주는 효율적인 프로그램들을 갈망하는가, 아니면 정말로 하나님을 갈망하는가? 하나님의 영화롭게 하는 삶과 교회를 세우기 위해 기꺼이 희생하고 고난을 받으려 하는가? 데이비드 플랫은 이렇게 말한다.

> 우리는 기독교의 목적이 나라고 생각한다. 바로 나. 그래서 교회를 찾을 땐 나에게 가장 잘 맞는 음악, 나와 우리 가족의 취향에 가장 잘 맞는 프로그램들을 찾는다. 나의 삶과 이력에 대한 계획을 세울 때 가장 중요한 것은 나와 우리 가족에게 유익한 것이 무엇이냐는 것이다. 이것이 우리 문화에 만연한 기독교 신앙의 모습이다.[2]

그렇다 보니 사람들은 그리스도의 몸에 헌신하지 않으며, 공동체에 투자할 줄을 모른다. 그들은 그때그때 자기들에게 필요한 것이나 원하는 것이 무엇이냐에 따라 왔다 갔다 한다. 교회에서 일어나는 일이 마음에 들지 않거나 갈등이 생기면 그냥 다른 데로 가 버리고 만다. 제럴드 시처가 그의 책에서 초기 기독교의 순교자들에 대해 쓴 글과 비교해 보라.

> 우리는 순교의 의미를 이해하기 전까지 결코 기독교를 진정으로 이해하지 못할 것이다. 초기 그리스도인들은 예수 그리스도를 주로 고백했다는 이유로 죽었다. 그의 주되심은 궁극적으로 그들의 삶을 주장하는 다른 모든 것들에 도전했다. 부와 지위, 권력, 로마제국. 그들은 예수님이 라이벌을 허용하지 않으신다고 믿었다. 꼭 선택을 해야 할 때는 어떤 값을 치르더라도 예수님을 따르는 길을 택했다.[3]

우리 중에 그런 결정을 하도록 요구받을 사람이 있을지 모르겠지만, 그렇다고 사실이 달라지는 건 아니다. 예수 그리스도의 주되심은 우리의 삶을 주장하는 다른 모든 것들에 도전한다. 그는 주님이시며, 라이벌을 허용하지 않으신다. 나는 "천하 사람 중에 구원을 받을 만한 다른 이름을 우리에게 주신 일이 없음이라"(행 4:12)는 진리에 의거하지 않은 잘못된 복음을 받아들이는 교회, 스스로 만족감에 빠져 있고, 무기력하고, 문화적으로 순응하는 교회에 신물이 난다. 그리스도는 다른 어떤 신이나 라이벌을 허용하지 않으시며, 우리는 삶의 어느 시점에서 선택을 해야만 한다.

선택을 위한 부르심

성경 전체에서 가장 중요한 선택의 순간 중 하나가 열왕기상 18장에서 발견된다. 이스라엘 백성들은 하나님의 성전을 지으라는 임무를 받았다. 즉 하나님의 백성들이 되어, 하나님이 그들을 통해 세상에 자신을 나타내시도록 하라는 것이다. 그러나 그들은 다른 신들을 찾아 돌아다녔다. 모든 것이 하나님의 손에서 나오는 것을 보았음에도, 그의 음성을 듣고 그의 역사를 목도하고도, 그들은 하나님의 명령에 불순종하고 그들의 문화에 속한 이교도의 신들을 좇았다.

본문은 그들이 바알을 숭배했다고 말한다. 여기서 바알은 사실상 여러 가지 이방 신들을 나타내는 말이다. 그래서 엘리야 선지자가 앞에 나섰다. 그는 이스라엘 백성들과 그들의 지도자들을 모두 불러놓고 말했다.

"너희가 어느 때까지 둘 사이에서 머뭇머뭇 하려느냐 여호와가 만일 하나님이면 그를 따르고 바알이 만일 하나님이면 그를 따를지니라"

그래서 어떻게 되었는가?

"백성이 말 한마디도 대답하지 아니하는지라" (왕상 18:21)

나는 우리에게도 똑같은 질문이 주어진다고 믿는다. 하나님은 본질적으로 이렇게 말씀하셨다.

"보아라. 너희는 선택을 해야 한다. 너희는 너희 자신을 위해 살고 있고 거짓 신들을 따르고 있다. 누가 진짜 하나님인지 결정하고 그를 따르라."

매우 도전적인 말로 들리지만, 여기서 충격적인 사실이 드러난다. 사람들이 아무 대답도 하지 않은 것이다. 그들은 한마디도 하지 않았다. 아무 말도.

나는 그들이 펄쩍 뛰며 "하나님, 우리는 당신의 손으로 행하신 일과 당신의 놀라운 사랑을 보았고, 당신이 유일하고 참되신 하나님이라는 것을 압니다! 장차 올 삶의 영광에 비하면 이 세상 삶은 아무것도 아니라는 것을 압니다. 우리는 모두 당신만을 따르겠습니다!"라고 말하기를 바랐다.

그러나 그들은 그러지 않았다. 그들은 결단을 할 수 없었고, 그래서 살아 계신 하나님 앞에서 침묵했다. 그것이 오늘날 우리의 모습이 아닐까 싶다. 오프라 윈프리는 그녀의 마지막 쇼에서 우리가 따라야 할 사람은 바로 우리 자신이라고 믿는다는 것을 분명히 밝혔다. 이 세상이 우리를 행복한 곳으로 인도할 때까지 우리는 이 세상의 "에너지"를 따라갈 책임이 있다고 말이다. 그녀는 그것을 아름답게 포장하지만, 그것은 많은 사람들을 유인하는 삶이고 막다른 길이다.

우리는 그리스도에 대한 믿음과 오프라나 오늘날 다른 많은 사람이 말하는 긍정적이고 기분 좋은 메시지 사이에서 머뭇거린다. 언제까지 두 견해 사이에서 머뭇거릴 것인가? 언제까지 하나님 앞에서 침묵할 것인가? 침묵이 우리의 상태를 나타낼 수도 있겠지만, 만약 우리가 엘리야의 말 속에 담긴 진리를 깨닫는다면 더 이상 침묵할 수 없을 것이다.

긴급한 임무

엘리야는 열왕기상 18장 21절에서 "어느 때까지…… 하려느냐?"고 묻는다. 그것은 시간을 나타내는 말이다. 엘리야는 바로 앞에 놓인 일이 매우 긴급한 임무라는 것을 전달하고 있다. 이것은 아이들 장난이 아니다.

완수해야 할 하나님 나라의 일이 있고, 하나님은 이스라엘 백성들이 누구를 따를지 결정하기를 기다리는 데 지치셨다. 이것은 하나님의 인내가 무한하지 않으며, 복음의 메시지는 오늘날 우리의 세상에서 가장 긴급하게 필요한 것임을 말해 준다.

몇 주 전에 국제 대학생 선교회(Campus Crusade for Christ) 총재인 스티브 더글라스의 이야기를 들었다. 전 세계를 누비며 사역하는 그는 세계 기독교 안에서 일어나고 있는 일을 분명히 파악하고 있었다. 그는 세계 역사상 이 시기가 매우 특별한 때라고 했다. 지난 25년 동안 사람들의 영적 갈망이 점점 더 커져 왔기 때문이다. 궁극적인 것들을 추구하는 현상이 더 많아졌다. 사상 최대의 경제적 혼란, 국제적 갈등, 테러리즘 등을 지켜보며 사람들은 더 불안하고 두려워했고 이것이 그들을 더 부추기고 있다.

더글라스 박사는 계속해서 이렇게 말했다.

"그렇게 볼 때 사람들이 가장 많이 찾는 곳이 어디겠는가? 교회다. 하지만 미국의 교회는 성장하고 있지 않다. 오히려 축소되고 있다. 무슨 이유인지 교회는 어쩌면 가장 큰 기회일지도 모르는 시간 동안 그토록 많은 사람들이 가진 의문에 답을 해주지 못하고 있다."

우리가 인식하지 못할 수도 있지만, 어쩌면 우리는 인간 역사의 정점에 있을 것이다. 그 시기는 우리가 붙잡지 않으면 금방 지나가 버릴 것이다. 굶주리고 죽어가는 사람들은 생명의 빛을 알고 싶어 하지만, 그들은 그것을 발견할 수가 없다. 우리가 하나님 나라의 건설이 아니라 우리에게 초점을 둔 기독교를 따르기로 결정했기 때문이다.

우리는 서서히, 그러나 가장 명확하게 하나님의 말씀에 대한 믿음을 버렸다. 대신 우리의 믿음은 우리가 이루어내는 것이라고 믿는다. 그것은 '그리스도 중심'이 아니라 '나 중심'의 신앙이 되어 버렸다. 하나님께서는 그의 교회에게 빛과 소금으로 우리 문화 속에 들어가, 하나님이 주신 복음을 담대하게 전할 것을 명령하고 계신다고 믿는다. 그것이 어렵다는 이유로, 또는 우리에게 무언가를 요구한다는 이유로 물러서지 말아야 한다. 초대 교회의 순교자들처럼 선택을 해야 할 순간이 오면 어떤 값을 치르더라도 그리스도를 선택하자.

우리가 머뭇거리는 이유

엘리야는 "너희가 어느 때까지 둘 사이에서 머뭇머뭇하려느냐"(왕상 18:21)고 묻는다. 히브리어로 '머뭇머뭇한다'는 것은 어떤 사람이 절뚝거리거나 "균형을 잡지 못하고 이리저리 휘청거리며 걷는다"는 뜻이다. 마치 술취한 사람이 똑바로 걸으려고 애쓰는 것을 보는 것 같다. 엘리야는 우리가 이리저리 흔들리며 똑바로 걷지 못한다고 말하고 있다.

당신의 삶도 그렇게 느껴지는가? 당신이 균형을 잃은 느낌, 뭔가 옳지 않다는 느낌이 드는가? 그 불균형한 느낌은 당신이 누구를 따를지 선택하지 못하는 데서 오는 것이 아닐까? 예수님은 마태복음 6장 24절에서 그것을 명확히 말씀하신다.

"한 사람이 두 주인을 섬기지 못할 것이니"

우리는 우리의 시간과 관심을 차지하려고 다투는 것들이 너무 많고, 우리를 유혹하고 우리가 추구하는 삶을 약속하는 것들이 너무 많고, 우리가 필요로 하는 답을 주겠다고 약속하는 것들이 너무 많아서 우리는 하나님께 헌신할 수가 없다. 나는 최근 설문조사에서 복음주의 그리스도인들의 60퍼센트가 그리스도 말고도 구원에 이르는 여러 가지 길들이 있을 것이라 믿는다고 답한 사실을 듣고 충격을 받았다.[5] 더 쉽고 덜 불쾌한 문화적 접근법을 위해 십자가의 특별한 사역을 타협하는 거짓 복음을 믿게 된 것이다.

여러 해 전에 옥스퍼드 대학교 신학 교수 아서 피콕은 이런 글을 썼다.

> 진정 복음주의적인 교회가 되려면 다음 세대의 교회에 반드시 진정한 자유주의 신학이 필요할 것이다…… 생존 능력을 갖추려면, 최근에 떠오르는 핵심 요소들에 전념하고 확실한 것만 남겨두는 최소주의자가 되어야 할 것이다.[6]

얼마나 훌륭한 예언인가. 많은 교회들이 그렇게 되지 않았는가? 우리는 최소주의자들이다. 즉 결혼과 성, 돈, 거룩한 삶의 본질, 예배와 교회에 접근하는 데 있어서 최소주의자들이다. 우리는 사람들과 잘 지내려 하고 겉으로는 정치적으로 옳게 보이려 하지만, 그것이 우리 문화를 바꾸지 못할 것이며 결코 인간의 마음을 변화시키지 못할 것이다. 우리는 최소한의 일을 하며 시간을 보내지만, 왜 우리의 삶이 이리저리 치우치며 균형을 잃고 비틀거리는 것처럼 느껴지는지 혼란스럽기만 하다.

우리가 머뭇머뭇하는 것은 바알 때문이다. 바알을 숭배한다는 것은 그 당시 행해지던 우상숭배에 완전히 가담하는 것이었고, 그와 같은 관습이 오늘날에도 유행하고 있다. 시처는 예수님이 우리의 삶을 주장하는 다른 모든 것들에 대해 도전하실 거라고 했다. 즉 예수님께서 우리가 가진 모든 우상에 대해, 우리가 하나님보다 더 사랑하는 모든 것들에 대해 도전하실 거라는 뜻이다. 우상은 곧 예수님의 경쟁 상대이며, 우리는 많은 우상을 가지고 있다.

- 우리는 외모를 우상으로 삼는다. 육체적으로, 심지어 성적으로 매력적인 사람이 되는 것이 우리의 가치를 판단하는 척도가 된다.

- 우리의 피부, 몸매, 체중, 근육을 우상으로 삼는다.

- 성적인 표현과 욕망을 우상으로 삼으며, 우리가 동성이나 배우자 외에 다른 사람에게 마음을 주어도 괜찮다고 주장한다. 그렇지 않으면 하나님이 그런 욕망을 허용하지 않으셨을 거라고 말한다. 그러는 동안 우리의 욕망이 처음부터 부패하고 타락했다는 것을 망각한다.

- 우리는 돈을 우상으로 삼는다. 마치 그것이 우리 것인 양 움켜쥐고 있으려 한다. 우리의 물질적 욕망을 채우고 다른 사람들과 재산 경쟁을 하는 것이 진정한 성공의 척도인 것처럼 생각한다.

- 우리는 명성을 우상으로 삼는다. 그래서 다른 사람들이 나를 특별하게 생각하도록 만들기 위해 복음을 타협하려 한다. 우리의 초점은 우리가 누구를 알고, 개인적인 목표를 이루기 위해 그 관계들을 어떻게 이용할 수 있을까에 맞춰진다.

- 심지어 교회를 우상으로 삼기도 한다. 어떤 교파를 따르는 것이 그리스도를 따르는 것과 똑같다고 여기는 것이다.

- 우리는 건물을 우상으로 삼는다. 마치 건물의 크기와 벽의 아름다움이 그리스도 안에서 우리가 누구인가를 판단하는 척도가 되는 것처럼 말이다. 예수님을 믿는 자로서 우리는 건물을 버릴 수 있는가? 하나님이 명하시면 이런 건물들을 떠나 창고에서 예배를 드릴 수 있겠는가? 하나님을 향한 갈망이 너무도 강해서 우리의 재산을 제단 위에 기꺼이 내려놓겠는가?

오늘 당신에게 예수님과의 경쟁상대는 무엇인가?
당신의 우상은 무엇인가?

와서 죽으라는 부르심

나치 수용소에서 순교한 독일 신학자, 디트리히 본회퍼는 "그리스도께서 한 사람을 부르실 때는 와서 죽으라고 명하신다"고 말했다. 예수님은 마태복음 16장 24절에서 "누구든지 나를 따라오려거든 자기를 부인하고 자기 십자가를 지고 나를 따를 것이니라"고 말씀하신다. 요한계시록 3장 15-16절에서는 "내가 네 행위를 아노니 네가 차지도 아니하고 뜨겁지도 아니하도다 네가 차든지 뜨겁든지 하기를 원하노라 네가 이같이 미지근하여 뜨겁지도 아니하고 차지도 아니하니 내 입에서 너를 토하여 버리리라"고 하신다.

오늘날 우리는 너무나 자기중심적이며, 심지어 신앙생활에서도 그렇다. 교회들은 표어나 프로그램에 치중하며, 문화적 관심을 끌기 위해 최선을 다한다. 그러나 그들은 영적으로 죽고 희생할 준비가 되어 있지 않다. 자기 부인은 없고 방종만 가득하다.

그리스도의 초청 메시지, 우리가 벽에 붙여 놓아야 할 진짜 표어는 이것이다. "와서 죽으라." 이 말이 어떻게 전달될 거라고 생각하는가? 새로운 성도들이 떼로 몰려올 것 같은가? 그럴 가능성은 거의 없다. 그러나 그것이 복음의 메시지이다. 예수 그리스도의 교회가 요구하는 것은 바로 우리의 삶이다. 그것은 우리 마음대로 살도록 허락해 주고 결코 우리 자신의 욕망에 도전하지 않는 복음이다. 오직 예수님만 높임을 받으시도록 모든 면에서 우리 자신을 버려야만 한다.

이스라엘 백성들은 하나님이 엘리야를 통해 제안하신 말씀을 생각할 때 선택을 할 수가 없었다. 그래서 엘리야는 마지막 결전을 제시했다. 아마 그 이야기를 알고 있을 것이다. 그는 바알 선지자 450명을 불러 모아 놓고 결투의 제단을 준비했다(왕상 18:16-40).

엘리야는 그들과 대결을 했다. 때로는 우리도 그러고 싶을 것이다. 가끔씩 사람들은 내게 이렇게 말했다.

"하나님이 저에게 직접 나타나시면 훨씬 더 편할 것 같아요. 제가 확실히 알 수 있는 길이 있었으면 좋겠어요."

우리는 하나님이 결투를 제안하시기를 원한다. 하나님을 시험해보고 싶어 한다. 당신은 대결을 원하는가? 머뭇거리며 결단을 못하고, 그래서 작은 증거를 요구하는가? 대결이 당신에게 도움이 되는가? 당신을 위한 대결이 있다. 예수님 대 사망의 대결은 어떤가? 예수님을 보라. 그는 아버지로부터 와서 죽으라는 명령을 듣고 순종하셨고, 그래서 괴로운 고난을 당하시고, 심판의 자리에 서서 우리가 받을 저주를 대신 받으셨으며, 십자가에 달려 사망과 지옥에 들어가셨고, 아버지의 영원한 사랑으로부터 완전히 분리되셨다.

사탄은 예수님이 돌아가신 후 토요일에 무덤 위에서 춤을 췄고, 자기가 이겼다며 승리의 춤을 췄다. 하지만 대결은 끝난 게 아니었다. 셋째 날 하나님이 말씀하셨다.

"예수야, 일어나라. 일어나라. 사망이 너를 억누르지 못한다. 죄와 악이 너를 이기지 못한다."

예수님은 무덤에서 일어나 수많은 사람들에게 보이셨고, 그 후 승천하여 아버지의 우편에 앉으셨다. 당신이 해야 할 대결이 있다. 그것에 응답하라. 이제 때가 되었다. 성령의 능력을 힘입어, 이제 우리가 그리스도와 함께 일어나야 할 때다. 그때는 우리가 자신을 버리기로 선택하는 때이므로 우리의 부흥의 때다. 1904년 웨일즈 대부흥의 역사적 인물, 제시 펜루이스는 다음과 같이 말했다.

> 부흥의 때는 위기의 때이며 재앙의 때가 될 수도 있다. 한 나라나 교회, 또는 한 지역의 역사뿐만 아니라 모든 개인의 역사에서 위기다. 회개하지 않은 사람에게 위기다. 그때 그는 하나님께 회심하는 여부에 따라 자신의 영원한 운명을 결정하기 때문이다. 성령충만을 받은 사람들과 성령을 거부하는 사람들에게도 위기다. 성령께 순종하고 영접하는 신자들에게 그날은 지극히 높으신 분이 찾아오시는 날이기 때문이다. 그러나 다른 이들은 영적인 사람이 될 것인지 육적인 사람으로 남을 것인지, 개인의 삶에서 계속 패배하며 살 것인지 아니면 승리자로서 계속 나아가기로 결단할 것인지를 결정해야 한다.[8]

그것이 우리에게 다가온 위기다. 우리는 승리할 것인가? 침묵을 지킬 것인가, 아니면 선택을 할 것인가? 하나님은 우리에게 이렇게 물으신다.

"너희가 언제까지 머뭇거리겠느냐? 내가 참 하나님이면 나를 따르라. 내가 하나님이 아니라고 판단했으면 가서 너희의 우상들을 따르라. 이제 선택을 해야 한다."

내가 확실히 아는 것은 이것이다. 우리가 선택한다는 것은 또한 우리가 죽는 것이다. 하나님으로부터 분리된 삶을 선택함으로 죽거나, 아니면 하나님을 위해 살기 위해 우리 자신에 대해 죽을 것이다. 각 선택에는 죽음이 따르지만, 오직 한 가지 선택만 생명으로 이끈다.

C. S. 루이스는 내가 제일 좋아하는 작가 중 한 사람이다. 나는 그가 우리와 하나님의 관계, 그리고 우리가 진정 누구인지를 알 수 있는 능력 간의 연관성을 잘 요약해 주는 것 같다.

> 당신 자신을 버리면 당신의 진정한 자아를 발견할 것이다. 당신의 목숨을 버리면 목숨을 구할 것이다. 죽음에 굴복하라. 매일매일 당신의 야망과 가장 좋아하고 바라는 것들의 죽음에 굴복하고, 마침내 당신의 온몸의 죽음에 굴복하라. 온몸과 맘으로 굴복하면 영생을 발견할 것이다. 아무것도 감추지 말라. 당신이 내놓지 않으면 아무것도 진정 당신의 것이 되지 않을 것이다. 당신 안에서 죽지 않은 것은 부활하지 못할 것이다. 당신 자신을 바라보면 결국 미움과 외로움, 절망, 분노, 파멸, 부패만 발견할 것이다. 그러나 그리스도를 찾으면 그를 발견할 것이며, 그와 함께 다른 모든 것들도 거저 주어질 것이다.[9]

이것은 당신 자신을 알아가는 엄청난 도전이다. 하나님이 당신에게 주신 진정한 정체성의 경이로움을 당신이 음미하기를 기도한다. 담대한 확신을 가지고 그 정체성을 따라 살게 되기를 기도한다. 당신과 하나님의 관계가 깊어질수록 하나님께서 당신이 누구인지를 더욱 온전히 보여주시기를 기도한다. 하나님이 당신 안에서 성화의 일을 행하실 때 당신이 인내하며 충실하기를 기도한다. 또한 당신이 우리 시대의 우상들, 즉 자아의 우상을 버리고 주 예수 그리스도를 따르는 데 온전히 헌신하기를 기도한다.

당신 자신을 버릴 때 당신이 진정 누구인지 알게 된다. 그것이 신앙생활의 역설이다. 세상이 이해하지 못하는 이유가 그것이다. 하나님은 우리를 진정한 삶으로 부르시지만, 우리가 현재의 삶을 손에서 놓을 때에만 그 삶에 도달할 수 있다.

와서 죽으라. 그것이 생명을 얻는 길이다.

주

1부 _ 잃어버린 우리의 진짜 모습

1장 | 정직한 싸움을 하다

1. "For the Record," Sports Illustrated, July 5, 2010, 12.
2. Ayn Rand, Atlas Shrugged (New York : Random House, 1957), appendix.
3. Thomas Kelly, A Testament of Devotion (New York : Harper and Brothers, 1941), 121.
4. Ravi Zacharias, Has Christianity Failed You? (Grand Rapids : Zondervan, 2010), 34.

2장 | 생각보다 더 가까이 계시는 하나님

1. Bill Bright, God : Discover His Character (Orlando, FL : New Life Publications, 1999), 13.
2. Samuel Harris, Letter to a Christian Nation (New York : Knopf, 2006), ix.
3. Richard Dawkins, The God Delusion (New York : Bantam, 2006), 51.
4. Christopher Hitchens, God Is Not Great : How Religion Poisons Everything (New York : Twelve, 2007).
5. J. I. Packer, Knowing God (Downers Grove, IL : InterVarsity, 1973), 29.

6. Bright, God : Discover His Character, 15.

7. Walter Chalmers Smith, Immortal, Invisible, God Only Wise.

3장 | 아직도 계속되는 숨바꼭질

1. Daniel Pink, A Whole New Mind (New York : Riverhead, 2005), 35.
2. John Powell, Why Am I Afraid to Tell You Who I Am? (Valencia, CA : Tabor, 1069), 12.
3. C. S. Lewis, The Weight of Glory (San Francisco : Harper Books, 1949), 26.
4. Brennan Manning, Abba's Child (Colorado Springs : NavPress, 1994), 31.
5. John Baillie, A Diary of Private Prayer (New York : Simon and Schuster, 1949), 53.

2부 _ 하나님, 나는 누구입니까?

1. Lisa Ling, "Pray the Gay Away?," Our America with Lisa Ling, Oprah Winfrey Network, March 8, 2011.

4장 | 내 삶이 공허한 이유는 무엇일까?

1. Lewis, The Weight of Glory, 41, emphasis added.
2. Karl Barth, Church Dogmatics, vol.2, part 1(Edinburgh ; T&T Clark, 1957), 641.
3. Gerald Sittser, Love One Another (Downers Grove, IL : InterVarsity, 2008), 14.
4. Randy Frazee, The Connecting Church(Grand Rapids : Zondervan), 85.
5. Francis Schaeffer, quoted in Andy Stanley, Christian Community (Sisters, OR : Multnomah, 2004), 44.
6. Sittser, Love One Another, 19.

5장 | 내 삶은 의미 있는 삶일까?

1. Bright, God : Discover His Character, 55.

2. C. S. Lewis, Prince Caspian (New York : Collier, 1951), 57.

6장 | 외로움은 왜 찾아오는가?

1. April Dembosky, "Tour of Embraces Makes a Stop in Manhattan," New York Times, July 10, 2008.

2. Bright, God : Discover His Character, 64.

3. 같은 책, 73.

7장 | 나의 삶이 이해되지 않는다면?

1. Bright, God : Discover His Character, 85.

2. Charles Spurgeon, The Treasury of David Bible Commentary (London : Funk and Wagnalls, 1886), 33.

3. Packer, Knowing God, 37.

8장 | 어떻게 하면 내 짐을 벗을 수 있는가?

1. Webster's New Ideal Dictionary, s.v. "freedom."

2. Hitchens, God Is Not Great, 9.

3. Michael Onfray, In Defense of Atheism (Toronto : Viking, 2007), 71.

4. Dawkins, The God Delusion, 22.

10장 | 왜 자신이 형편없게 느껴질까?

1. Will Blythe, To Hate Like This Is to Be Happy Forever (San Francisco : Harper, 2009), 285.

3부 _ 지으신 그대로, 그리스도와 함께

11장 | 시간이 필요하다

1. John Stott, The Message of 1 and 2 Thessalonians (Downer's Grove, IL : InterVarsity, 1994), 76.

2. F.F. Bruce, ed., The International Bible Commentary, 1 Thessalonians 4 (Grand Rapids : Zondervan, 1999).

3. Dallas Willard, Knowing Christ Today : Why We Can Trust Spiritual Knowledge (New York : HarperOne, 2009), 92.

4. C. H. Spurgeon, "Prodigal Love for the Prodigal Son" (sermon, Metropolitan Tabernacle, London, March 29, 1891).

12장 | 세상이 알지 못하는 길

1. Bob Moorehead, Words Aptly Spoken (Redmond, WA : Overlake Christian Bookstore, 1995).

13장 | 진정으로 원하는 삶

1. Zacharias, Has Christianity Failed You?, 181.

2. David Platt, Radical (Colorado Springs : Multnomah, 2010), 70.

3. Gerald Sittser, Water from a Deep Well (Downers Grove, IL : InterVarsity, 2010), 28.

4. Oprah Winfrey, The Oprah Winfrey Show, ABC Television, May 25, 2011.

5. "Many Americans Say Other Faiths Can Lead to Eternal Life," Pew Forum on Religion and Public Life, December 18, 2008.

6. Arthur Peacocke, The Palace of Glory : God's World and Science (Washington, DC : AFT Press, 2005), 56.

7. Dietrich Bonhoeffer, The Cost of Discipleship (New York : Simon and Schuster, 1995), 89.
8. Jessie Penn-Lewis with Evan Roberts, War on the Saints (1912), chapter 12, unabridged edition available online at 8. http://www.acts1711.com/wots.html8. .
9. C. S. Lewis, Mere Christianity (New York : Macmillan, 1958), 175.

Learning to Be YOU

사명선언문

너희가 흠이 없고 순전하여……세상에서 그들 가운데 빛들로
나타내며 생명의 말씀을 밝혀 _ 빌 2:15-16

1. 생명을 담겠습니다
만드는 책에 주님 주신 생명을 담겠습니다.
그 책으로 복음을 선포하겠습니다.

2. 말씀을 밝히겠습니다
생명의 근본은 말씀입니다.
말씀을 밝혀 성도와 교회의 성장을 돕겠습니다.

3. 빛이 되겠습니다
시대와 영혼의 어두움을 밝혀 주님 앞으로 이끄는
빛이 되는 책을 만들겠습니다.

4. 순전히 행하겠습니다
책을 만들고 전하는 일과 경영하는 일에 부끄러움이 없는
정직함으로 행하겠습니다.

5. 끝까지 전파하겠습니다
모든 사람에게, 땅 끝까지, 주님 오시는 그날까지
복음을 전하는 사명을 다하겠습니다.

서점 안내

광화문점 서울시 종로구 새문안로 69 구세군회관 1층
02)737-2288(T) 02)737-4623(F)

강남점 서울시 서초구 신반포로 177 반포쇼핑타운 3동 2층
02)595-1211(T) 02)595-3549(F)

구로점 서울시 구로구 시흥대로 577 3층
02)858-8744(T) 02)838-0653(F)

노원점 서울시 노원구 동일로 1366 삼봉빌딩 지하 1층
02)938-7979(T) 02)3391-6169(F)

분당점 경기도 성남시 분당구 황새울로 315 대현빌딩 3층
031)707-5566(T) 031)707-4999(F)

신촌점 서울시 마포구 서강로 144 동인빌딩 8층
02)702-1411(T) 02)702-1131(F)

일산점 경기도 고양시 일산서구 중앙로 1391 레이크타운 지하 1층
031)916-8787(T) 031)916-8788(F)

의정부점 경기도 의정부시 청사로47번길 12 성산타워 3층
031)845-0600(T) 031) 852-6930(F)

인터넷서점 www.lifebook.co.kr